申国军 著

案件管理
专题研究

ANJIAN GUANLI
ZHUANTI YANJIU
SHIBAPIAN

十八篇

中国检察出版社

图书在版编目（CIP）数据

案件管理专题研究十八篇 / 申国军著 . -- 北京：
中国检察出版社 , 2023.12
　ISBN 978-7-5102-3018-9

　Ⅰ . ①案… Ⅱ . ①申… Ⅲ . ①检察机关—案件—管理
—研究—中国 Ⅳ . ① D926.3

中国国家版本馆 CIP 数据核字（2023）第 230422 号

案件管理专题研究十八篇

申国军　著

责任编辑：吕亚萍
技术编辑：王英英
封面设计：李　瞻

出版发行：中国检察出版社
社　　址：北京市石景山区香山南路 109 号（100144）
网　　址：中国检察出版社（www. zgjccbs. com）
编辑电话：（010）86423787
发行电话：（010）86423726　86423727　86423728
　　　　　（010）86423730　86423732
经　　销：新华书店
印　　刷：北京联合互通彩色印刷有限公司
开　　本：710 mm × 960 mm　16 开
印　　张：14.75
字　　数：163 千字
版　　次：2023 年 12 月第一版　2024 年 4 月第四次印刷
书　　号：ISBN 978 - 7 - 5102 - 3018 - 9
定　　价：56.00 元

前　言

　　青年时读《实践论》，有两句话一直念念不忘：认识开始于经验——这就是认识论的唯物论；认识的感性阶段有待于发展到理性阶段——这就是认识论的辩证法。正是由于对唯物辩证论的认识，促使我非常重视从实践中总结经验、从经验中提炼理论观点。缺乏经验传承，实践只能反复探索；缺乏理论指导，实践只能低水平徘徊。实践、经验、理论，是工作递进升华的三个步骤阶段。

　　参加工作后，作为一名实务工作者，总结经验、提炼理论已成为我多年来养成的工作习惯。以前也发表一些理论文章，但总是零散而不系统，或者偶一为之，主要原因是缺乏压力和动力。直到我被任命为中国法学会检察学研究会案件管理专业委员会常务副主任后，才感到自己带头开展理论研究的肩头重担，使命感、责任感倍增，开始有意识、有计划地把自己总结的工作经验积极提炼升华为理论文章。通过发表这些文章，一方面，我希望自己能尽一份责任和心力，没有辱没、辜负案件管理专业委员会副主任之名；另一方面，更希望以此引领带动案管专业委员会的各位理事和全国案管同仁，切实重视案管理论研究工作，积极投身案管理论研究中去。几年来，压力山大，但也只能负重前行。

　　癸卯年末，翻看自己到案管部门工作五年来发表的文章，不知不觉竟积攒了三十来篇。这些文章有的在《人民检察》《中国检察官》杂志发表，有的在《检察日报》刊登，还有的是《检察业务管理指导与参考》的约稿。重读这些文章，不自觉地就有了把这些稿子汇编成册的冲动，经过三次遴选，恋恋不舍地剔除了十余篇，最终择出有一定典型性和代表性的 18 篇文章。这些文章发表于不同年份，多是随着当时工作的推进情况思考、提炼而成，涵盖了案件管理概述、职能定位、基本理念、分析研判会商、评价指标、业务数据管理、案件流程监控、案件质量评查、人民监督员工作、检察听证、数字案管等多个专题。这些专题是案件管理实务和理论的重点，通过专题的积沙成塔，可以形成案件管理理论的大致轮廓。

　　实事求是地讲，由于案管部门成立时间较短，实务工作者和专家学者对案管理论研究还处于探索阶段，案管理论文章和著述较少。所以，当前和今后一个时期，加强检察机关案管理论研究，构建具有中国检察特色的案件管理体系，显得尤为重要而迫切。这也是最高检案管办从 2022 年初就着手组织编写"案管系列教材"的主要原因。而我把近年来自己理论探索的文章汇编成册，也算是为这套教材的编写和今后案管理论研究，垫上一块"砖头"，或者说是抛砖引玉。

　　这些文章虽然已经发表，且已经过反复挑选，但从理论角度来看，有的还是显得稚嫩，有的还存在"无病呻吟""揠苗助长"之嫌。同时，一家之言，内中观点、论述一定存在偏颇，也敬请读者指正、批评，为我们热爱的、付出心血努力的案管理论研究，共同尽一份力量。

目　录

第一篇

中国特色检察机关案件管理制度研究 [*]

我国检察机关的案件管理制度，经历了从"条线管理"为主向"集中管理"为主的发展过程。现行的案件管理，一般指的就是案件集中管理。案件集中管理是完全起源于我国检察实践、由我国检察机关创新开展的一项工作，是"土生土长"的中国检察制度，在提升检察机关办案质效方面发挥着越来越重要的作用。检察业务工作大致可以分为案件办理与案件管理，与案件办理相比，案件管理具有更加鲜明的中国检察特色。正是基于案件管理工作的鲜明特征，我们要提高制度自信，增强责任感，更加深入地了解、开展这项工作，以案件管理工作高质量发展，推动检察工作高质量发展。

＊原载于《检察业务管理指导与参考》2023 年第 3 辑（总第 21 辑）。

一、案件管理的基本内涵

检察院的案件管理是相对于案件办理的一个概念，其内涵非常丰富，首先是检察长、检察委员会对案件的宏观管理，其次是业务部门对案件的自我管理，最后是案管部门对案件的集中统一管理。检察院案件管理的三个层面不能相互代替，而要相互融合，共同提升管理质效。

（一）检察长、检察委员会对案件的宏观管理

从世界范围看，各国检察机关内部决策机制均实行检察长负责制，由检察长统一领导检察机关的工作并进行决策。检察委员会制度是一种集体决策、集体领导的制度，与检察长个人负责制有机结合，形成了中国特色的检察机关内部领导决策体制。[①] 我国检察机关的领导决策体制，决定了检察长、检察委员会对于检察机关的案件办理和案件管理具有最全面和最权威的领导职责。管理离不开院这一级的统筹抓总，案件管理首先是检察长的职责，抓业务就是抓管理、抓管理就是抓业务，二者是不分家的。比如业务数据分析研判会商，虽然案管部门和办案部门都参加，但在会商中行使决策权的是检察长，所以是检察长、检察委员会的管理。同样，案件质量主要评价指标评价的是一个院整体的业务情况，也是检察长、检察委员会的管理。检察机关办案部门和案管部门虽然也有一定的案件管理权限，但这种权限来源于检察长、检察委员会的授权，是落实检察长、检察委员会对案件宏观管理的重要举措，与检察长、检察委员会的案件管理属于

---

① 童建明、孙谦、万春主编：《中国特色社会主义检察制度》，中国检察出版社 2021 年版，第 153 页。

"水"与"源"的关系。一些地方把案件管理当作案管部门的事情，或者是办案部门的事情，那就是以偏概全，降低了案件管理的层次。

（二）办案部门对案件的自我管理

办案部门最熟悉自身的办案工作，能够最先发现存在的问题，提出的解决措施往往更加具有针对性，自身管理对于检察业务发展必不可少。办案部门对案件的自我管理，是检察机关一项传统的案件管理工作，检察机关恢复重建以来，案件管理主要是部门管理，部门负责人通过"三级审批制"，对检察官办理的案件进行全面管理。2011 年案件管理机制改革后，案管部门承担了一定的集中管理职责，但并不否认办案部门的自我管理，形成了集中管理为主、部门管理为辅的案件管理格局。2018 年以来随着司法责任制的开展，检察官办案自主权不断加大，但部门负责人也通过召集检察官联席会等方式，对本部门办案情况进行监督管理。特别是对于认罪认罚从宽等检察官自由裁量权较大的案件，部门负责人的监督管理职责更加丰富深入。当前，办案部门把部门内部管理和条线管理结合起来，通过制定年度工作要点、召开工作会议、下发通知通报等方式确定本业务条线需要开展的工作重点，通过完善制度机制、制定业务工作指引、编发指导性案例和典型案例等为本条线业务工作规范开展提供依据，通过制定更加精细化的指标对本地业务工作开展精细化的考核，有力促进办案工作规范开展。

（三）案管部门对案件的集中统一管理

检察机关狭义的案件管理，就是案管部门的专门管理，也即集中统一管理，包括案件的受理、分流、流程监控、质量评查、数据检查、分析研判、结案审核等。正是通过案管部门的集中统一管理，能够贯通检察长、检察委员会的宏观管理、办案部门的自我管理，能够把整个检察院的案件管理融为一体、形成合力。当前，一些地方把案件管理当做案管部门一家的事情，忽视了检察长、检察委员会、办案部门的管理，对案件管理内涵的认识存在片面化的问题。同时，案管部门也要认识到案件管理绝不是案管部门一家的责任，案管部门在监督管理中不能"包打天下"，而是要立足检察业务工作中枢的职能定位，提高智慧、创新方法，更多地依托上级院、本院检察长和检察委员会、其他管理部门甚至办案部门本身开展管理工作。比如，通过开展分析研判、把业务监管意见转变为院领导的要求，通过案件信息公开、借助外部力量开展管理，通过上级院评查、借助上级院要求开展监管，等等，破解同级监督、同体监督难题，真正把检察长和检察委员会业务管理的要求落到实处。需要注意的是，案管部门的集中统一管理绝不等同于统一受案，比如控告申诉业务等，可由办案部门自行受理，但要由案管部门掌握相关情况。

二、案件管理的比较研究

2011 年以来，检察机关在推进案件管理机制改革中，深入研究借鉴其他国家、其他单位案件管理经验，取长补短，不断健全和完善具有鲜明自身特色的案件管理制度。

（一）国外检察机关案件管理基本情况

各个国家的检察机关都高度重视对案件进行管理，在检察长对检察官办案的监督管理、检察官自身管理方面区别不大，但在是否具有专门案件管理机构、案件管理的具体方式方面却不尽相同。比如，美国是联邦制国家，联邦与州之间及联邦系统、州系统内部之间，不同"级别"的检察机关却相互独立、互不隶属，各院管理方式不尽一致，不存在统一的"条线管理""纵向管理"等概念。英国检察官在案件处理上有较大的自由裁量权，而对于办案过程的监督并不多，主要依靠检察官自我约束保证办案质量和司法公正，主要通过行业准则进行规范，没有专门的流程监控、案件评查等监督措施。德国检察院根据上年度本院办理刑事案件的种类、数量等统计数据，以本院全体检察官公决的方式制定"年度案件分配办法"，根据随机分配的原则开展案件初次分配。

与其他国家相比，我国检察机关案件管理工作具有专门的机构、丰富的职责，形成了体系化的案件管理制度。一是设置了专门的管理机构。我国检察机关设立专门的案件管理部门，专司案件管理工作。无论是大陆法系，还是英美法系，大多数国家没有建立专门的案件管理机构，案件质量主要由检察长进行管理以及检察官的自我管理。二是配置了丰富的管理职责。我国检察机关的案件管理包括十几项职责，概括为"三大监督""四大服务"。国外检察机关案件管理职责相对分散单一，主要体现在案件统一受理，统一分配，期限督促，多是一些事务性工作。三是体现了监督与服务并重的理念。我国检察机关强调放权与控权的统一，在尊重检察官办案自主权的同时加强制约监督。国外检察官建立了严格的人员准入、晋升等制度，主要强调检察官自我监督管理。

（二）我国相关机关案件管理基本情况

对案件的集中统一管理，是近年来我国监察机关、司法机关、公安机关共同推进的一项工作。比如，中央纪委、国家监委设立案件监督管理室，具体工作职责包括 5 个方面：对重要问题线索集中管理、对纪律审查工作进行组织协调、对依纪依法开展纪律审查工作进行监督检查、对交办事项督促办理、对纪律审查工作相关情况进行统计分析。最高人民法院设立审判管理办公室，主要负责最高人民法院受理案件的流程管理、质量评查、监督检查法定审限执行情况，督办重要案件，承担审判委员会事务管理、司法公开、审判经验总结等工作。公安部提出由法制部门对刑事案件重点执法环节进行统一审核、统一对接检察机关，在全国市、县两级公安机关建设集执法办案、监督管理、服务保障等多功能于一体的"一站式"执法办案管理中心。

我国监察机关、审判机关、检察机关、公安机关虽然都设立了专门的案件管理部门，但检察机关案件管理工作具有自身特点。一是工作职责更加丰富多样。监察机关案件管理部门负责线索管理，审判机关案件管理部门负责审判委员会事务管理，检察机关案件管理部门没有这方面的职责。但是，检察机关案件管理部门具有案件受理、律师接待、评价指标制定、人民监督员、检察听证管理、信息化需求等工作，职责更加丰富。二是运行了全国统一的办案、管理、统计平台。相对于其他单位，检察机关在全国部署应用检察业务应用系统，四级检察机关在一个平台上办理案件、管理案件、统计数据，更加有利于案件管理的规范开展。三是开展了以业务数据分析研判和案件质量评价指标为重点的宏观管理。检察机关案管部门研发案件质量主要评价指标，定期组织开展业务数据分析研判会商，是宏观管理检察业务的重要方式，为其他单位开展这方面的工作提供了借鉴参考。

（三）检察机关案件管理不同发展阶段

2011 年以来，检察机关案件管理工作经历了以下几个阶段。第一个阶段是探索发展阶段。时间区间大致为 2011—2014 年，主要特征是明确案管职责、设置案管机构、建立案管队伍、完善基础设施、部署信息化平台等，为案管工作发展奠定坚实基础。第二个阶段是规范完善阶段。时间区间大致为 2015—2018 年，主要特征就是建立了案件流程监控、案件质量评查、涉案财物管理、案件信息公开等一批案件管理工作制度，促进案件管理工作规范发展。第三个阶段是全面深化阶段。时间区间大致为 2019 年至今，主要特征就是顺应司法责任制改革、检察机关内设机构改革等新形势，提出案件管理工作思路、确定案件管理职能定位、明确案件管理主责主业、优化案件管理工作理念，为案件管理高质量发展指明了方向。

通过对比案件管理 10 余年的发展历程，可以概括出几个特点。一是案件管理的定位愈加准确。案件管理机制改革初期，案件管理部门只是检察机关普通的一个内设机构。随着案管工作的发展，案件管理部门被定位为检察业务管理的枢纽。当前，案件管理部门被定位为检察业务工作的中枢，定位更加准确，对整个检察业务工作的发展都具有牵一发而动全身的关键作用。二是案件管理的职责愈加多样。案管办成立之初的职责，主要集中在对案件的流程管理、质量评查、数据统计方面，随着对案管工作认识的不断深化，新增了涉案财物管理、信息化需求统筹、案件信息公开、人民监督员工作、检察听证管理、线索移送管理等职责。三是案件管理的作用愈加显著。案管机制改革初期，案管工作主要针对个案开展管理。随着时代的发展，各地案管部门重点开展了业务数据分析研判会商、案件质量主要评价指标等工作，更加重视对检察业务的宏观管理，管理效果更加良好。

三、案件管理的主要特征

中国特色检察机关案件管理，是在检察工作中产生、与检察办案相适应、随着检察改革不断丰富完善的一项制度机制，总结起来大致具有以下几个基本特征，概括起来就是"四个统一"。

（一）在管理主体方面，案件管理是专门管理、集中管理和同级管理的统一

首先，案件管理是专门管理。案件管理工作涉及方方面面，事务性工作多，任务琐碎繁杂，由多个部门分散行使会产生很多问题，必须设立专门部门统一做好案件管理，这是案件集中管理机制改革的初衷。当前，大多数检察院都有专门的部门承担案件管理任务，规模特别小的基层院，也应当指派专门的人员从事这项工作，否则就会走传统"条线管理"的老路。案管工作的"专门"，指的是案管部门的主责主业是案件管理，并不否认其他部门也可以开展相应的案件管理工作。案管部门是检察业务工作的中枢，是专门承担检察长、检察委员会宏观业务管理的机构，是专门统筹协调全院业务管理的机构，这里的"专门"主要体现在上传下达、协调各方、督促落实。

其次，案件管理是集中管理。全部的个案都要由案件管理部门来集中

管理，主要通过受理、流程监控和质量评查等方式实现。当前，有些案件并不是案管部门受理的，控申部门、办案部门等也受理一部分案件。如果案管部门不掌握这些案件的受理、办理情况，就无法进行有效的流程监控，管理就流于形式。因此，全国检察机关第二次案管工作会议上提出，全院办案的案件由案管部门统一受理，暂时不能统一受理的，要通过备案等方式告知案管部门，方便案管部门集中掌握情况、开展管理。

最后，案件管理是同级管理。案管部门与办案部门是平级关系，这种监督是同级监督。要认清案管工作的同级性，树立双赢多赢共赢的理念，强化在服务中监督的理念，通过转变方式，改进监督效果。同时，对于严重违反办案程序，以及实体违法的问题，可以通过报告检察长，报送上级院案管部门等方式，变同级监督为上级监督，达到更好的工作效果。

（二）在管理职责方面，案件管理是监督和服务、实体监督和程序监督、内部监督和外部监督的统一

首先，监督与服务并重。要认识到监督是案管部门的主责主业，对于程序监督、实体监督、数据监督，任何时候都不能放松。同时，要改变监督的理念，以服务的形式开展监督，让被管理对象心悦诚服地接受管理。在处理监督与服务的关系时，既要有两点论，也要讲重点论，这个重点，就是监督。要始终牢记案管的职责使命是监督，立身之本是监督，绝对不能为了服务而服务，不能把自己淹没在纯粹的事务性工作中。

其次，程序监督与实体监督并重。在对办案程序的管理中，案管部门通过案件流程监控，对检察机关在办案件的办理期限、文书适用、涉案财

物处置、强制措施适用等进行管理。在对办案实体的管理中，案管部门通过案件质量评查，对检察机关办结案件的证据适用、法律定性等问题进行管理。当前，各地在开展案件管理工作中，普遍存在重程序管理、轻实体管理的现象，需要把更多的精力用于案件质量评查，这是体现案管权威和影响力的重要途径。

最后，内部监督与外部监督并重。案件流程监督、实体监督、数据监督都是单纯的内部监督，是一种检察机关内部各部门之间的监督和服务关系。但是，2014 年案管部门开展了案件信息公开工作，2018 年人民监督员工作划归案管部门负责，2019 年建立按季度常态化公开检察业务数据分析研判会商机制，2022 年检察听证管理由案管部门负责，开始引入外部监督力量，促进监督检察机关办案活动。工作中，对于一些重大的司法不规范问题，案管部门和办案部门的意见并不完全一致，刚性地开展监督往往容易事与愿违，如果能够引入外部监督的力量，办案部门就会非常重视，就会更加自觉地开展整改，达到双赢多赢共赢的目的。

（三）在管理对象方面，案件管理是针对宏观态势和微观个案、管理案件和服务检察官、办案质量数量效率效果的统一

首先，案件管理是针对宏观业务态势和微观个案的管理。宏观管理是指通过数据或指标，对某一区域、某一条线、某一检察院整体办案态势进行评价、指导，以发现倾向性、苗头性问题，提前作出应对，比如业务数据分析研判会商、案件质量主要评价指标等。微观管理是指通过办案流程、办案卷宗等，对具体个案的办理程序、处理结果等进行管理，以评判个案

办理优劣，比如案件质量评查、案件流程监控等。一般情况下，宏观管理和微观管理是统一的。但是，宏观管理与微观管理也有区别，特别是宏观管理的方法和结论，并不一定完全适用于微观管理的个案。比如针对整体办案态势的案件质量主要评价指标，不能直接适用于具体的个案和检察官。因此，案件管理部门在工作中，需要把宏观管理与微观管理结合起来，进行分层次的、有针对性的、精细化的监督和服务。

其次，案件管理是监督办案和服务检察官的管理。案件管理包括监督和服务，但在履职对象方面有所不同。案件管理部门监督的对象是案件而不是检察官，因此需要技高一筹、敢于监督；服务的对象是检察官而不是案件，因此需要优化理念、改进方法。

最后，案件管理是针对质量、数量、效率、效果的管理。新修订的案件质量主要评价指标，首要原则就是全面评价，就是质量、数量、效率、效果的有机统一。这次修改增加了一些力度指标，如增加"减刑、假释、暂予监外执行书面提出监督意见率"等；也修改了一些指标的含义，如"监督立案率"指标，原指标含义体现的是受理立案监督申请的成案质量，不能反映检察机关依职权行使监督工作的力度和成效。这次修改，将指标计算的分母调整为"同期审查起诉案件受理数"。

（四）在自身建设方面，案件管理是管好案件和管好管理的统一

无论是"三大监督"还是"四大服务"，主要是对案件的管理。其实，案件管理部门还存在一个管好管理的问题。"管好案件"依赖于"管好管理"，"管好管理"的成效体现在"管好案件"上。案件管理是一项专业性

很强的工作，案件管理人员不能"高人一等"、以势压人，必须"技高一筹"、以理服人。2022年以来，最高人民检察院案管办对全国案件管理机构队伍情况进行摸底调研，全国检察机关从事案管工作人员18815人。其中，高检院及省级院491人，市县级院18324人。全国检察机关负责案管工作的机构有3508个，没有独立机构仅有从事案管工作人员的检察院有93个。其中，有独立的案管机构414个，占全国检察机关总数的11%；与相关职能合并履行案管职能的机构3094个，占全国检察机关总数的86%。各地普遍反映，案管部门业务监管开展难、人少事多压力大。在当前情况下，检察工作全面发展，"四大检察"工作任务都很繁重，每个条线都案多人少，在案件管理条线"设机构、增人员"等并不现实，还是应当在重自强上下功夫，通过"管好管理"，深挖自身潜力。2022年上半年，最高人民检察院案管办制定了《案件管理工作主要评价指标（试行）》，研究提出6项案件管理工作主要评价指标，原则上都通过信息化的方式进行采集，保证客观性、公正性，每季度进行通报，激发案管人员的工作积极性。各地检察机关案件管理部门要高度重视评价指标的应用，围绕评价指标抓好各项工作的调整部署，既要突出重点案管工作，又不能唯指标论，全面履行案件管理职责，促进案件管理工作整体进步。

四、做好新形势下案件管理工作的思路和举措

经过10多年的发展，检察机关案件管理已经建立起一个比较全面、基本完善、相对科学的制度体系，在战略上确立了发展的方向。这个发展方

向，集中体现在案件管理"一二三四五六"的工作思路，即"一个定位、两项主责、三个理念、四化建设、五个体系、六个能力"。贯彻落实这一工作思路是当前和今后一个时期检察机关案件管理工作的重中之重。各地检察机关案管部门要深入理解、全面落实这一工作思路，不在战略上搞变通，不在方向上"翻烧饼"，指导推动案件管理工作统一、规范发展。

（一）坚持案管部门是检察机关业务工作中枢的职能定位

案管部门落实好检察业务工作中枢的定位，需要在院领导、办案部门、其他管理部门等主体之间内外勾连、上下协调，促进业务工作运转有序、高效开展。一是在对接院领导层面，案管办要做院领导与其他办案部门之间的"总绳"。院领导可以通过案管办，管理办案质量、办案流程、办案态势。院领导对业务工作的要求，可以通过会商会议等平台，传达到各业务部门，并由案管部门督促落实。各业务部门的管理建议，也可以通过案管办汇总到院领导。二是在对接办案部门层面，案管办要做办案部门的"诤友"。案管部门对于办案部门，主要有服务、监督、引导等职能。比如，通过统一受理流转案件、提供信息化需求、帮助查询数据等，承担事务性工作；通过案件流程监控、质量评查等，监督办案活动；通过案件质量评价指标等，引导办案活动科学规范运转。要优化工作理念，改进工作方式，形成与办案部门之间的合力。三是在对接其他管理部门层面，案管部门要做其他案件管理部门的"伙伴"。政治部牵头负责对检察官、检察辅助人员、司法行政人员的考核，在业务考核方面设置哪些指标，需要案管部门配合。检务督察部门负责对违纪违法办案行为行使监督职责，也需要案管部门在履职中提供相关线索。

（二）重点做好监督和服务两项主责

案件管理职责繁多，但概括起来就是监督和服务，具体而言就是"三大监督"和"四大服务"，包括对办案实体的监督、对办案程序的监督、对办案数据的监督，以及服务科学决策、服务司法办案、服务诉讼参与人、服务人民群众。各地检察机关案管部门要把监督和服务作为案件管理的基本职能，以基本职能的充分履行带动案件管理职责的全面行使。一是把监督作为案件管理工作的立身之本。积极开展案件流程监控、质量评查、数据检查等工作，敢于指出和纠正办案部门存在的不规范问题，在检察机关内部制约监督体系中发挥更加重要的作用。二是把服务作为案件管理工作的成事之要。增强服务理念，创新开展业务数据分析研判会商、案件质量主要评价指标、律师接待、检察听证管理等工作，提升服务的实际效果。三是促进监督和服务的融合开展。要认识到监督和服务具有目标的一致性和内容的相通性，高水平的监督大多通过服务的方式实现。依托案件管理工作，监督案件办理，服务检察官，在监督中服务、在服务中监督。

（三）增强科学管理、能动管理、智能管理的工作理念

检察机关案件管理工作的基本理念主要包括科学管理理念、能动管理理念、智能管理理念。三个理念是分层次的要求，科学管理强调的是工作标准，能动管理强调的是工作态度，智能管理强调的是工作方法。要正确理解、妥善用好三个理念，高质量地做好案件管理工作。一是增强科学管理的理念。要遵从司法办案和管理规律，尊重检察官办案自主权，尊重办

案的阶段性、地域性、条线性特征，不唯上、不唯书、只唯实，根据实际适时调整管理的强度和频率，实事求是地开展管理。把提高办案质量、数量、效率、效果作为评判管理科学的唯一标准，一些管理行为虽然表面上符合科学管理的要求，但如果降低了办案质效，或者不符合人民群众关于公平正义的朴素感情，也是不科学的。二是增强能动管理的理念。要准确把握检察工作发展大局和司法办案总体需要，大胆履职、勇于创新，统筹解决案件管理中的新情况新问题，凡事想在前、预在前、做在前，更加主动地开展工作，发挥指导、引导作用。三是增强智能管理理念。要把"智慧案管"建设作为破解案件管理部门任务重、人员少难题的治本之策，向科技要生产力，从根本上提高工作质效。

（四）扎实推进职责履行规范化、体制运行一体化、工作保障信息化、队伍建设专业化

一是推进职责履行规范化。案件管理是监督别人、让别人规范的。但是，让别人规范，首先要自己规范，管理必须要有更高的标准、更高的要求。要加快形成案件管理的制度体系，完善案件流程监控、质量评查、分析研判、评价指标运用、数据检查等工作机制，不仅要有宏观的制度规范，还要制定操作性强的实施细则，便于制度的执行。二是推进体制运行一体化。案管部门上下左右要一体，实现"纵向指导有力，横向协作紧密"。最高人民检察院案管办要发挥上对下的有力的业务指导作用，省市两级院案管部门也要有强有力的业务指导，不能只横向管理本院案件，没有上下级院的纵向业务指导。同级检察院之间要加强横向协作，通过电子文库等手

段，相互支持配合工作。三是推进工作保障信息化。要把信息化建设作为高质量开展案管工作的重要"引擎"。最高人民检察院借鉴湖北等地信息化建设经验，正在部署检察业务数据管理等信息化软件，并计划在法治信息化工程中统筹推进智慧案管建设。各地要结合实际，积极稳妥推进本地案管信息化建设。四是推进队伍建设专业化。要通过业务竞赛、实战演练、岗位练兵等方式，提升案件管理人员业务工作能力，建设一支专业化的案管队伍。要建立全国检察机关、各省检察机关案件管理人才库，培养专家型案件管理人才，发挥引领示范作用。

（五）积极构建业务指导、业务评价、业务管控、业务保障和外部监督体系

一是建立以业务数据分析研判为引领的业务指导体系。要组织开展业务数据分析研究会商，为业务工作把方向、定基调、纠偏差，促进成为更高层次的业务管理和监督。二是建立以"案-件比"为核心的业务评价体系。要指导各地科学应用新修订的案件质量主要评价指标，整体评价检察业务工作，整改各地落实中存在的"反管理"问题，促进检察业务质量、数量、效率和效果的全面提升。三是建立以案件办理全过程为对象的业务管控体系。要通过案件流程监控、质量评查等职责，促进案件从受理到办理，从审结到公开，从程序到实体，各个阶段、各个方面都处于科学的管理中。四是建立以人民监督员工作为重点的外部监督体系。要做好人民监督员和检察听证的管理工作，引入外部监督力量，把外部监督转化为内部监督，对于监督检察机关办案程序将起到事半功倍的作用。五是建立以检

察业务应用系统为主平台的业务保障体系。信息化建设是案管工作高质量开展的保障，高质量的业务指导、业务评价、业务管控、外部监督等工作都要靠信息化予以实现。要以检察业务应用系统为平台，加快推进"智慧案管"建设，从根本上提高案管工作能力。

（六）促进提升政策把握、法律适用、数据统计、分析研判、流程监控、质量评查工作能力

案管人员被称为"检察官的检察官"，对案管工作能力提出了更高的要求。案管工作能力，提炼起来就是政策把握、法律适用、数据统计、分析研判、流程监控、质量评查等"六大能力"，这是案管队伍专业化建设的重点和方向。培养和提升"六大能力"，不能泛泛而谈、浅尝辄止，而是要有针对性地进行深化。最高人民检察院案管办建立起案管工作能力专门培训机制，对于"六大能力"，特别是更加具体的数据统计、分析研判、流程监控、质量评查能力，将通过组织培训班，一个一个地实战演练。最高人民检察院案管办 2022 年组织了业务数据分析研判培训班，2023 年组织了案件质量评查培训班，分别开展了分析研判和质量评查的业务竞赛，选拔出相关领域的标兵和能手。下一步，最高人民检察院案管办还会针对数据统计、流程监控组织专门培训班，开展专题竞赛，为各地业务能手提供展示平台。各地检察机关案管部门也要增强业务培训的针对性，形成潜心钻研业务、实干监督管理的良好氛围，在案件管理各领域形成一批专家和能手，为案件管理高质量发展提供人力保障。

第二篇

检察机关案件管理部门职能定位研究 *

最高人民检察院党组副书记、分管日常工作的副检察长童建明在全国检察机关第二次案件管理工作会议上提出，案件管理部门是名副其实的检察业务"中枢"。检察机关案件管理部门新的职能定位就此确立。这一职能定位，发挥着明确方向、凝聚力量、激励履职的积极作用。但从实际工作开展看，一些地方案件管理部门存在履职不能、履职不全、履职不充分等问题，究其原因是多方面的，根源在于没有很好地把握案件管理部门的职能定位，没有认同"中枢"、建设"中枢"、用好"中枢"。为此，有必要对案件管理职能定位的形成脉络作一梳理，并进一步研究何为"中枢"、何以为"中枢"以及怎样发挥"中枢"的功能作用，以利于案件管理部门更好地立足"中枢"职能定位，全面充分履行监督管理和服务保障职能。

---

* 原载于《检察业务管理指导与参考》2023 年第 6 辑（总第 24 辑）。

一、案件管理部门职能定位的演变脉络

将案件管理部门定位为检察业务工作的"中枢"，并不是案件集中管理机制改革之初就提出来的，而是经历了一个认识不断深化、逐渐清晰的演变过程。根据案件管理具体职能与职能定位的关系，大体可分为四个阶段。

（一）第一阶段：个案监管为主，基本职能定位是内部制约监督

这个阶段大体在 2011 年至 2014 年。2011 年，以最高人民检察院成立案件管理办公室为开端，在全国检察机关拉开案件集中管理机制改革的大幕，提出管理、监督、服务、参谋四项职能，基本履职方式是案件受理、流程监控、质量评查、律师接待等。这一时期的工作重心在设立机构、组建队伍、建立制度、研发系统，没有抽象、提炼"职能定位"的概念，但也有基本的职能定位。从案件管理机制改革初衷看，基本上把案件管理部门定位为检察机关司法办案的内部监督部门。改革之初印发的《最高人民检察院案件管理暂行办法》，提出制定这一办法的目的是加强最高人民检察院执法办案活动的管理工作，强化内部监督制约，提高办案质量和效率，促进公正廉洁执法。同时明确案件管理部门承担案件统一受理、流程监控、质量管理、统计分析、综合考评等管理活动。回顾这一时期的案件管理工作，不论是案件管理机制改革的初衷，还是具体职责任务，案件管理职能都带有明显个案监管特征，围绕个案强化内部制约监督，促进规范司法。据此，案件管理部门主要是检察机关司法办案的内部监督部门。

（二）第二阶段：个案监管机制逐渐完善，"枢纽"概念萌芽

2014年底至2018年底，全国检察机关案件管理机构基本建立，检察业务应用系统全面部署应用，流程监控和质量评查等基本制度不断健全完善。这一时期，尽管重心仍然在个案监管，但是逐步认识到案管部门在业务管理体系中的枢纽作用，提出了"枢纽"概念。2014年12月，全国检察机关第一次案件管理工作会议提出，要进一步理顺案件集中管理职能，全面构建在检察长和检察委员会领导下，以办案部门和办案人员自我管理为基础，以案件集中管理为枢纽，以纪检监察、政工人事等部门综合管理为支撑的案件管理立体格局，实现对司法办案活动的有效管理和监督。2017年12月，全国检察机关案件管理工作座谈会提出，案件管理部门要聚焦监督管理主责主业，突出业务监管和业务分析工作重点，积极发挥业务管理枢纽作用。2018年最高人民检察院案件管理办公室工作要点提出，聚焦案件管理主责主业，突出业务监管和业务分析工作重点，充分发挥业务管理枢纽作用，积极构建新型司法监管机制。在这一阶段，对案管部门在业务管理体系中的定位认识得更加科学，提出了"立体管理格局"和"枢纽"的概念，但工作重心仍然是个案监管，突出强化内部监督、促进规范司法、优化检务公开等，没有从文字上明确业务管理枢纽的职能定位。

（三）第三阶段：业务指导体系初创，"枢纽"职能定位提出

这一时期主要是2019年至2021年第二次案管工作会议前。这一阶段，2018年在最高人民检察院的主持下，检察业务数据分析研判会商开始向全国检察机关普及，案件质量主要评价指标体系也于2020年1月正式运

行，案件管理职能的重心从个案监管迅速向宏观管理转变，首次提出"业务监管枢纽职能定位"。2019 年最高人民检察院案件管理办公室工作要点提出，坚持业务监管枢纽部门职能定位，以强化业务数据分析研判为引领，以探索建立案件质量评价指标体系和建立健全适应内设机构改革后新的办案模式的监管机制为重点，全面履行案件管理职能。"业务管理枢纽职能定位"的明确，是这一阶段案管工作基础性研究的重要成果。

（四）第四阶段，业务指导体系进一步完善，"中枢"职能定位正式提出

2021 年 9 月，全国检察机关第二次案件管理工作会议上，最高人民检察院党组副书记、分管日常工作的副检察长童建明强调，把握案件管理部门作为检察业务工作"中枢"的职能定位。至此，案件管理部门的职能定位，由"枢纽"升级到"中枢"。之所以定位为"中枢"，是因为"业务工作中枢"相较"业务管理枢纽"而言，"枢纽"偏向于客观作用的体现，"中枢"则尤其强调主观能动作为，体现为引领、主导、统筹作用。这是对案件管理部门职能定位认识的进一步升华，是充分认识到案件管理部门贯通上下左右、有效联系各方，对检察业务工作进行协调运转、专门监督、统筹督促、参谋决策，在确保整个业务管理体系高效有序运转中发挥着关键性、主导性的作用。需要说明的是，确立"中枢"定位，并不否定内部制约监督功能和枢纽功能，而是这两项功能的升级。

二、案件管理部门"中枢"职能定位的内在逻辑

社会生活中，从政府部门、部门的内设机构，再到企业内部组织，都涉及职能定位问题。比如政府职能定位，就直接影响到政府在社会和经济中的发挥作用，正确的职能定位可以使政府有效地发挥其职责，实现政治稳定、经济发展和社会进步。而错误的职能定位则可能导致政府职能失衡，进而影响政府的合法性和权威性，甚至可能引发社会动荡。具体到部门的职能定位，是确定一个部门在政府或其他组织中的角色和职责，以及与其他部门之间的关系。案件管理部门的"中枢"定位如何得到各管理主体的思想认同和自觉落实，需要理清中枢职能定位的依据、考量因素以及现实必要性。

（一）确定部门职能定位的一般考量因素

一般情况下，确定一个部门的职能定位会从上级文件或法律规定中去寻找。《最高人民检察院职能配置、内设机构和人员编制规定》对最高人民检察院案件管理办公室的具体职责作了规定，没有对职能定位进行描述。《人民检察院刑事诉讼规则》第 664 条规定："人民检察院负责案件管理的部门对检察机关办理案件的受理、期限、程序、质量等进行管理、监督、预警。"这一规定是对案件管理部门基本职责的概括性规定，比较粗疏，也不可能作为案件管理职能定位的依据。所以，只能通过部门职能定位的一般考量因素去寻找依据。部门职能定位是一个比较复杂的工作，需要考虑到组织的各个层面和方面。一是考虑组织的战略目标，了解组织需要哪些职能部门、需要各部门履行哪些职能来支持实现这些目标；二是考虑部门的

职责和工作流程，这是进行部门职能定位的重要基础，是以怎样的方式支持组织的战略目标；三是考虑本部门与其他部门的关系，理清各部门在整个体系中的位置；四是考虑部门的人力资源和技术能力，是否能有足够的人力资源和技术能力完成自己的职责和目标。案件管理部门在设立之初，没有具体而明确的"职能定位"这一概念，但最高人民检察院基于对司法办案进行制约监督的考虑，实际上将案件管理部门定位为司法办案内部监督部门，并依此确定了案件管理职能任务，设置相关处室机构。此后，职能定位从"枢纽"到"中枢"，就是充分考虑职责任务由注重个案监管向宏观管理的拓展，功能价值也由个案质效把控向牵引整体检察业务转变，以及在整个管理体系中，案件管理部门与其他部门关系的发展变化。

（二）"中枢"的基本内涵

了解"中枢"的基本内涵，可以验证案件管理部门"中枢"定位的匹配性和契合度。"中枢"，语出汉扬雄《太玄·周》："植中枢，周无隅"。基本内涵是指事物中起主导作用的部分。查找相关资料，解释均语焉不详。这里，用"中枢神经"这个医学名词来解构"中枢"这一概念。从医学上看，中枢神经的作用至少可以归为以下三个方面：一是控制和协调运动，中枢神经掌管着人体的各种运动，确保身体动作的正确性和协调性；二是控制感知和知觉，脑部通过感觉器官获取视、听、触、味和嗅觉，这些信息会在大脑皮层得到进一步处理和稀释；三是处理和存储信息，接受全身各处的传入信息，经它整合加工后成为协调的运动性传出。案件管理通过业务指导、监管、评价、保障和外部监督五大体系，改变由于业务分工的专业化导致的法律监督整体性不足的问题，可以促进实现检察权运行的整体性、系统性和协调性，起到协助检察委员会、检察长加强宏观管理作用，契合中枢神经的控制与协调、整合传导信息的功能。

（三）确定"中枢"定位的在内需求

一是从必要性角度看，随着司法责任制改革的全面落地，在突出检察官办案自主权、减少内部监督管理层级的情况下，业务管理中公共事务更加集约，更加需要一个强有力的部门，在业务贯通上下功夫，有效统筹各方，发挥好业务协调运转、专门监督、统筹督促、决策参谋等作用，使检察长和检察委员会对检察业务的宏观管理得到具体落实。具体而言，检察长和检察委员会对检察机关业务运行态势具有指导职能，对重大案件和其他重大问题负有决策和监督职能，这些决策、指导和监督，需要一个中枢部门协调相关部门，共同提供决策依据、提供决策意见、督促决策落实。以上正是案件管理部门的功能价值所在。

二是从可行性角度看，作为业务管理枢纽，案件管理部门的职能任务契合了"中枢"的基本内涵，具有其他内设机构所不具有的综合优势。案件管理工作通过集中统一的案件管理，约束、敦促办案部门规范有序地履职办案；通过严谨合理的规则，为业务活动铺设高质高效运行的轨道，防止跑偏，提升检察公信力；通过专门化的横向管理将不同阶段的办案活动连成有机整体，将原有的检察长和检察委员会综合管理、业务部门负责人直接管理、办案人员自我管理和上级院对口指导的模式进行整合，加强各层级、各部门之间的统筹协调，增强监督合力；通过集中统一的案件管理发挥参谋助手作用，实现上级检察院对下级检察院，检察长对各部门办案信息的全面、及时、客观掌握，为上级检察院、检察长宏观决策、统筹推进业务工作提供依据，从而加强检察一体化，促进决策科学化。综上，案件管理的上述职责或功能为确定其为检察业务工作"中枢"提供有力支撑。

三是从现实性角度看，案件管理机制改革十多年来，较好地发挥了监督管理和服务保障作用，但也存在一些突出问题。院党组、检察长层面，对案件管理重要性的认识缺欠，没有把案件管理部门当作业务工作中枢去运用，特别是在基层，给案件管理部门赋予了一些与案件管理职责不相关的工作任务；办案部门层面，把案件管理看成案管部门的事，自我管理严重缺失；协同管理层面，包括政工、法律政策研究、检务督察等部门，缺乏管理意识，协同管理缺位；案件管理部门自身层面，工作中存有畏难情绪，不愿、不敢、不善监管，在真正的监管主业上无所作为。究其原因，与"中枢"定位认识不到位有直接关系。这一现状，亟须改变。而改变这一现状的根本出路在确立案件管理部门的"中枢"职能定位，这是对案管部门十多年来，特别是近年来服务引领检察工作高质高效发展实践的总结提炼。这一定位，能够促使各级院检察长充分认识案件管理的地位和作用，围绕"中枢"定位，合理配置司法资源，妥善安排部署工作；能够促使办案部门对案件管理的认同，理顺关系，形成监督管理合力；能够促使包括案件管理部门在内的各管理主体、协同管理部门，找准各自在管理体系中的位置，做到不缺位、不越位、不错位，促进充分履职；特别是确立了案件管理部门在检察业务管理体系中的特殊地位，从根本上决定案管部门的工作理念、工作重点、工作机制，在案管工作中具有"定盘星""压舱石"的基础性作用。

三、案件管理部门"中枢"职能定位的基本表征

案管部门一个窗口对外、一个闸门对内，外接人民群众和其他政法机关、内连各个检察业务部门，上接上级机关和本院领导、下连下级检察院和一线检察官，是名副其实的检察业务中枢。具体表现在"三个对接"上。

（一）在对接检察长和检察委员会层面，案件管理部门是检察长和检察委员会与其他办案部门之间的"总绳"

"总绳"一词来源于渔民结网捕鱼。渔民捕鱼撒网时需要底纲绳来控制网兜，也就是提网的"总绳"，无论渔网有多少网绳，最终都会系束在一根"总绳"上，以"总绳"为中心，渔网可以顺畅展开，也可以收网捞鱼。案件管理部门通过上传下达，成为检察长和检察委员会管理整个检察业务的"总绳"；检察长和检察委员会通过案件管理部门这个"总绳"牵引检察业务整体向前发展。一方面，案件管理部门在履职中掌握全量检察业务数据，负责对各项业务数据，特别是案件质量评价指标数据及其效能进行跟踪监测，对检察业务运行态势进行分析研判，为领导决策、指挥调度检察业务提供数据支持；另一方面，院领导对检察业务管理的决策部署和工作安排，由案件管理部门向各办案部门、下级院传达，督促落实并向院领导反馈。

（二）在对接办案部门层面，案件管理部门是办案部门的"诤友"

所谓"诤友"，就是能够直率坦言的朋友，为帮助自己的朋友而勇于当面指出缺点错误的人。案件管理部门作为检察机关司法办案内部监督管理

部门，通过统一受理流转案件、提供信息需求、帮助查询数据等，承担事务性工作，服务办案部门集中精力办案；通过流程监控、质量评查等，监督办案活动，促进规范司法；通过案件质量主要评价指标、分析研判等，引导办案活动科学规范运转。案件管理部门与办案部门的关系完全可以称为"诤友"。

（三）在对接协同管理层面，案件管理部门是其他相关部门的"伙伴"

应勇检察长在国家检察官学院 2023 年秋季学期开学时讲课中强调，要坚持"放权"和"管权"并重、管案与管人结合。而案件管理部门与政工部门、检务督察部门的衔接配合，就是这一要求的具体落实。在案件程序监管、实体监督、数据监管及分析研判中发现的问题，作为政工部门加强干部教育培训、选拔任用、考核评价以及评先评优的重要依据，或者作为检务督察重要线索来源；案件质量评查、流程监控等监管中发现的检察人员违反检察职责线索，移送检务督察部门进行调查处理，形成检察业务管理与干部管理监督衔接互动、协调运转的工作机制，实现管案与管人互促共进，同向发力。特别需要提到的是，内设机构改革后，不少基层检察院的案件管理与法律政策研究室、检察委员会办公室、检务督察等部门合并成一个部门，并作为业务综合部门予以配备员额检察官，其"中枢"职能显得更为强大。

四、案件管理部门"中枢"职能的实现路径

检察业务工作"中枢"职能定位，不是明确了这一定位，"中枢"作用就

发挥了。怎么判断是否发挥"中枢"作用，应当有一个评判的标准。对于这个标准，笔者认为，应当做到"七看"：即看领导决策依据是否准确、看业务评价标准是否科学、看案件质量是否过硬、看办案程序是否顺畅、看业务数据是否可靠、看内部监督是否严密、看业务需求是否统一。① 要达到这七条标准，案件管理部门是基础，是关键，但也不是仅靠案件管理部门一家能够实现，还需要院党组、检察长，办案部门以及其他协同管理部门的共同努力。

（一）依靠各级院党组、检察长的认同和运用

应勇检察长在 2023 年大检察官研讨班上指出："检察长不敢管、不去管、管不好检察官办案，就是落实政治责任、法律责任不到位，就是失责失管失察！"检察长抓案件管理的重要抓手就是案件管理部门，发挥案件管理部门职能作用的关键在于是否认同"中枢"、建好"中枢"、用好"中枢"。一是准确理解"中枢"职能定位。院党组、检察长对案件管理职能定位理解有偏差、认识不到位，"中枢"作用就很难发挥。检察长要始终把"总绳"握在手中，通过"总绳"起到"纲举目张"作用，善于运用案件管理部门，贯通上下左右，有效联系各方，确保整个业务管理体系高效有序运转。二是建好"中枢"机构。要有"中枢"相匹配的机构队伍，否则，"中枢"也徒有虚名。调研了解到，有的市县院仅靠聘用人员从事案管工作；有的承担过多事务性工作。当然，每个院可能都有自己的特殊情况，

---

① 申中军、韩孔林：《业务中枢定位是对案管工作高质量发展新的更高的要求》，载《检察业务管理指导与参考》2022 年第 1 辑（总第 13 辑），中国检察出版社 2022 年版，第 102—106 页。

很难有一个统一的解决办法，但是可以根据自身实际，人多可以多配人，人少可以配强人，使这个"中枢"机构与本院检察业务工作相匹配。实践中，还需要把握两个基本原则，就是不能把案管部门搞成"大内勤"，只做事务性工作；也不能搞成"不管部"，脱离"中枢"职能，承担与案件管理无关的综合性任务，否则，管理、办理都抓上不去。三是切实用好"中枢"。"中枢"作用要靠检察长推动，靠检察长运用，让"中枢"干"中枢"的事，让"中枢"切实发挥作用，做到名副其实。检察长、检察委员会要通过发挥案管部门"中枢"作用，了解检察业务宏观态势、微观质效，指挥调度检察业务，确保检察工作贴近党中央决策部署，跟上最高人民检察院的工作要求，保证业务工作方向；把控案件质量效率效果，改进本地、本院检察业务工作中存在的突出问题；围绕本地经济社会发展和社会治理，向党委政府提出司法服务保障的意见建议，在服务大局中积极发挥作用，切不能把职能搞偏了，地位拉低了，作用变小了。

（二）依靠各部门之间工作互通共融

案件管理部门作为检察业务工作的"中枢"，需要主动与相关部门工作互通共融、业务协同衔接，形成案件管理共同体。一是加强与办案部门的沟通配合，形成自我管理与集中管理之间的有效衔接。案件管理部门要主动了解具体业务部门的工作部署和工作动态，既服务办案又加强监督管理，推动"四大检察"之间融合发展，形成法律监督合力。二是加强与政工部门的沟通配合，形成案件管理与队伍管理之间的有效衔接。一方面，针对检察官业绩考评等工作，案件管理部门按规定做好协助工作；另一方面，将案件管理成果与干部队伍教育培训、表彰奖励等有机衔接，主动共享检察人员业绩情况，争取及时转化为队伍管理的具体措施和相关制度。三是加强与检务督察部门的沟通配合，形成案件管理与督察管理工作之间有效衔接。加强工作配合、信息共享、追责衔接，案件管理过程中发现的突出问题，特别是检察人员违反检察职责情形，要及时移送检务督察部门调查处理。

（三）依靠案件管理部门充分履行职责

案件管理部门的"中枢"职能定位要靠自身工作业绩来奠定。一是要主动统筹谋划而不是被动等待安排。案管部门要"想领导之未想"，主动向检察长和检察委员会提供检察业务态势、办案质效等情况，为检察长和检察委员会统筹调度检察业务提供参谋服务。二是要主动传达反馈而不是"下塞上聋"。做好检察长和检察委员会对业务工作要求的"传导器"，及时向办案部门传达检察长和检察委员会的要求，并主动报告反馈落实情况，确保各项工作沿着正确的方向推进。三是要充分履职而不是流于形式。要在服务科学业务决策的同时，强化个案管理、个案监督、个案评判，切实通过高质效管好每一个案件，助力高质效办好每一个案件。四是要强化"管好管理"而不是放任不管。"管好管理"是充分履职的前提和基础。要加强案件管理的科学化、规范化、精细化建设，使管理工作有据可依；要解决存在的突出问题，特别是采取切实管用的措施解决"同级监督难""本院监督难"以及不敢监督、不会监督等问题；要切实构建上下一体履职的工作机制，推动形成高质效的案件管理格局。

第三篇

检察机关案件管理理念的理解和适用研究[*]

理念决定方向，理念指导行动，理念一新天地宽。高质量的检察机关案件管理工作，必须要有科学的案件管理理念。案件管理理念，是指贯穿于案件管理方方面面，体现司法办案和案件管理规律，对案件管理具体职能具有普遍指导意义的思想、理论与观念。根据全国检察机关第二次案件管理工作会议精神，案件管理的理念包括科学管理理念、能动管理理念、智能管理理念。如何正确理解、准确适用案件管理理念，是案件管理的一项基础性工作，需要深入研究论证，促进案件管理理念在探索中完善、在指导业务工作发展中发挥越来越重要的作用。

一、案件管理理念的重要意义

任何工作都离不开理论、理念的指导，检察机关案件管理理念尤其具

---

* 拟载于《检察业务管理指导与参考》2024 年第 1 辑（总第 25 辑）。

有更高的必要性和重要意义。树立科学的案件管理理念，是理论的重要内容，是时代的必然要求，是历史的发展结果，是实践的强烈呼吁。

（一）理论维度：案件管理理念是践行马克思主义意识论的重要内容

关于何为理念，理念与观念、理论等概念的区别等，在哲学上一直有不同的认识。有人认为，在西方哲学史上，柏拉图最早把理念变成了一个专门的哲学术语，并以其为核心概念建立了他的理念论哲学体系。[①] 普遍认为，"概念"是人认识事物本质的一种基本思维方式，从概念之间的关系推导出新的结论被称为"判断"，有倾向性的判断叫"观点"，习惯化、一贯化的观点叫"观念"，上升到理性高度的观念叫"理念"，系统、完整的理念体系被称为"理论"。我们认为，虽然人们对理念的内涵和外延有不同的认识，但理念属于人的意识，人的意识来源于实践并指导改造实践，是马克思主义意识论的重要内容。列宁指出：人的意识不仅反映客观世界，而且创造客观世界。[②] 案件管理工作是一种实践，在实践中提炼升华形成理念、理论等意识，通过意识指导实践，是物质与意识、实践与认识的良性互动。但由于案件管理理论基础较为薄弱，专家学者关注度不高，案管人员自身研究的精力能力有限，造成案管理论研究先天不足、后天乏力，更加迫切需要优化案件管理理念，进而指导案件管理工作更高质量发展。

---

① 朱春艳、陈凡：《"理念"概念的起源》，载《东北大学学报（社会科学版）》2003年第2期。
② 列宁：《列宁全集》（第38卷），人民出版社1986年版，第228页。

（二）时代维度：案件管理理念是落实新时代新发展理念、检察工作理念的必然要求

案件管理工作服务于我国经济社会大局，是检察工作的一部分，案件管理理念不是孤立存在的，而是落实新发展理念、检察工作理念的举措，是时代的必然要求。党的十八届五中全会提出创新、协调、绿色、开放、共享的新发展理念，党的二十大强调"贯彻新发展理念是新时代我国发展壮大的必由之路"。检察机关贯彻落实新发展理念，不断优化完善检察工作理念，为检察工作现代化提供重要支撑。应勇检察长在国家检察官学院2023年秋季学期开学时的讲课中强调加快推进检察工作理念现代化，认为检察工作理念根本源于习近平新时代中国特色社会主义思想、习近平法治思想，提出坚持"从政治上着眼、从法治上着力""为大局服务、为人民司法、为法治担当""高质效办好每一个案件""严格依法办案、公正司法""依法一体履职、综合履职、能动履职""以诉源治理抓前端治未病"等理念。案件管理理念源于新发展理念和检察工作理念，是新发展理念、检察工作理念在案件管理工作中的具体延伸，是案件管理工作服务经济社会发展大局、检察工作全局的重要举措。

（三）历史维度：案件管理理念是伴随实践工作逐步完善的科学总结

案件管理理念是对实践的提炼和升华，经历了一个从无到有，从模糊到精确的过程。一是2011—2018年，案件管理工作总体上处于健全、完善过程中，虽然也有类似理念方面的要求，比如提出要在依法科学有效管理

上下功夫、在统筹规范司法上下功夫、在强化内部监督制约上下功夫、在推进司法公开上下功夫、在当好参谋助手上下功夫，提出以标准化、智能化、可视化、一体化为抓手等，但分布较为零散，未形成系统的理念，也没有以理念的概念予以明确。二是 2019—2020 年，案管部门对案件管理理念进行了提炼，明确提出"双赢多赢共赢""在监督中服务、在服务中监督""管理即服务、管理缺位即失职"等理念，对指导案管工作开展发挥了积极的引领作用。但是，这些理念大多是检察工作的总体理念，尚没有体现出案管工作的独有特征，因此还需要进一步提炼总结。三是 2021 年至今，全国检察机关第二次案件管理工作会议提出科学管理、能动管理、智能管理三个理念，第一次在全国层面的正式会议提出案件管理理念，且具有案管特色，符合案管实际，促进案件管理理念的科学、合理、完善。

（四）实践维度：案件管理理念是解决工作中突出问题的客观需要

科学的理念来源于实践，在指导改进实践中才能彰显应有的生命力。案件管理理念不是凭空产生的，是为了解决实践中存在的不科学、不能动、不智能等突出问题，是实践要求倒逼理论进步。比如，一些地方在适用案件质量主要评价指标时，对于已经超过通报值的指标仍然提过高要求，有的把不捕率、不诉率、诉前羁押率等中性指标作为正向指标或负向指标，有的把评价指标直接评价具体检察官的办案工作等，导致检察人员被数据所困、被考核所累；案件管理工作一般没有办理期限，不直接接触当事人，工作节奏不会受到其他办案部门和当事人催促，导致个别地方存在"等靠要"的心态，开展分析研判会商、案件质量评查、案件流程监控的主动性不强；不少地方案件管理信息化水平较低，对数据的深度分析研判、案件质量评查、案件流程监控等还需要人工开展，导致案管部门"事多人少""案多人少"矛盾突出。为了全面解决这些问题，必须从全局的角度予以研究，从制度、机制、方法等途径进行全面改进，需要发挥理念的牵头引领作用，建立科学管理、能动管理、智能管理的理念，引导各地案管工作更好开展。

二、案件管理理念的主要内容

科学管理、能动管理、智能管理三个理念是一个体系，科学管理强调的是工作标准，能动管理强调的是工作态度，智能管理强调的是工作方法。深入应用案件管理理念的前提，是正确理解这三个理念的基本内涵，明确基本要求。

（一）科学管理理念的主要内容

经典的科学管理，由美国被誉为"科学管理之父"的弗雷德里克·温斯洛·泰勒（Frederick Winslow Raylor）（以下简称泰勒）提出。1911 年，泰勒出版了《科学管理原理》，描述了科学管理理论：使用科学的方法来确定一种完成工作的"最佳方法"。[①] 经典的科学管理理论对检察案件管理具有有益的借鉴作用。但是，检察案件管理的客体是严重影响当事人人身、财产甚至生命权益的司法办案活动，针对的是具有高度办案自主权的检察

---

① 斯蒂芬·P. 罗宾斯（Stephen P. Robbins）、玛丽·库尔特（Mary Coulter）：《管理学》，李原、孙健敏、黄小勇译，中国人民大学出版社 2012 年版，第 28 页。

人员，目的是促进公平正义，这与以企业生产为领域、以产业工人为对象、以提高劳动生产率为目标的经典科学管理理论具有较大区别。我们认为，检察工作中的科学管理，是指按照管理学的要求，遵从司法办案和管理规律，对检察机关业务工作进行评价、指导、管控、服务等活动，以管理促进提升司法办案质效。首先，科学管理的对象是检察机关"案"和"人"。案件管理对具体的个案开展流程监控、质量评查等活动，对类案、案件发展态势等进行分析研判，还要配合政工部门对检察人员开展考核，监督的是办案活动，服务的是检察官，管理对象包括检察机关"案"和"人"两方面。其次，科学管理的本质要求是实事求是。案件管理要遵从司法办案和管理规律，尊重检察官办案自主权，尊重办案的阶段性、地域性、条线性特征，不唯上、不唯书、只唯实，根据实际适时调整管理的强度和频率，实事求是地开展管理。再次，科学管理的判断标准是办案质效。把提高办案质量、效率、效果等作为评判管理科学的唯一标准。一些管理行为虽然表面上符合科学管理的要求，但如果降低了办案质效，或者不符合人民群众关于公平正义的朴素感情，也是不科学的。

（二）能动管理理念的主要内容

能动管理是能动司法的重要内容。在西方国家特别是 20 世纪 40 年代的美国，兴起了司法能动主义。起初，司法能动主义用于区分美国联邦最高法院大法官的派别：司法能动派、司法克制派和中间派。与司法克制主义的严格适用法律的自我约束不同，司法能动主义主张法律与政治不可分割，司法能够在促进社会福利中发挥作用。[①] 在当代中国，具体到检察机关，主要表现为能动检察理念，是指检察机关以高度的政治自觉、法治自觉、检察自觉积极担当作为，主动适应时代发展，充分履行法律监督职责，以检察工作高质量发展服务保障经济社会高质量发展。能动检察不仅是对检察办案的要求，也是对检察工作整体的要求，案件管理作为检察工作的一部分，需要强化能动管理，积极主动地开展工作。我们认为，能动管理主要指适应检察工作大局，适应司法办案需要，自觉主动地开展监督和服务，达到更好的管理效果。首先，能动管理的核心是增强管理工作的主动性。能动管理，本质要求就是主动地开展管理。案件管理部门要克服"等靠要"的思想，凡事想在前、预在前、做在前，敢于担当作为，更加主动地开展工作，发挥指导、引导作用。其次，能动管理的实现路径是在规范的基础上鼓励创新。重规范轻创新则容易僵化，创新是激发工作能动性的重要动力，没有创新就没有能动。案件管理部门要在整体规范的基础上，不搞整齐划一，鼓励各地改进方式方法，更加积极主动地开展工作。最后，能动管理的保障是建立互相协作的管理氛围。案件管理部门要尊重检察官的办案自主权，管理方式要简便易行，加强与案件办理部门的协作配合，促进案件办理部门配合管理、接受管理、参与管理，达到双赢多赢共赢的效果。

（三）智能管理理念的主要内容

智能管理是 20 世纪中叶随着管理科学、信息科学、计算机科学、决策

[①]　谢鹏程、高磊：《以能动司法检察理念开启检察新征程》，载《检察日报》2021 年 8 月 9 日，第 3 版。

科学、人工智能等学科相互渗透、相互融合而发展起来的一门学科。有学者提出：智能管理是人工智能与管理学科、知识工程与系统工程、计算机技术与通信技术、软件工程与信息工程等新兴学科的相互交叉、相互渗透而产生的新技术、新学科。① 我们认为，案件管理工作中需要遵循的智能管理理念，是指依托全国检察业务应用系统，深入应用人工智能、智慧管理等新一代信息化技术，加强建设"智慧案管"，实现自动对办案实体、办案程序、办案数据等项目的分析、评价和管理。首先，智能管理的平台是检察业务应用系统。检察业务应用系统已在全国检察机关上线运行，成为集网上司法办案、管理、统计、智能辅助、知识服务、数据共享、大数据应用、政法互联等于一体的大型信息化系统。案管部门作为系统使用管理的主管部门，把业务部门提交的需求统筹好，确保办案人员能用、愿意用、喜欢用。由于所有的办案行为都在系统上运行，智能管理当然也需要依托系统开展。其次，智能管理重点是推进"智慧案管"建设。案件管理面广、线长、点多，信息化基础薄弱，尤其需要强化信息化建设。智能管理能不能实现，关键要看案件流程监控、案件质量评查、业务数据分析研判会商、评价指标展示等案件管理工作是不是智能化开展。要依托法治信息化工程，发挥最高人民检察院的顶层设计和各地创新作用，全力推进智慧案管建设，努力实现各项案管职责的信息化、智能化开展。最后，智能管理的目标是实现"人机协调"。智能管理的确要发挥信息化的优势，减少人工的成分。但智能管理绝对不是要取代人力，也无法取代人力。因此，要把信息化的

---

① 涂序彦：《人工智能及其应用》，电子工业出版社1988年版，第58—59页。

优势和人力的优势结合起来，发挥信息化软件的辅助作用，在人力的参与下提高工作效率和质量。

三、案件管理理念的应用要求

在案件管理工作中落实科学管理、能动管理、智能管理理念，根本要求是围绕检察工作大局和司法办案总体需要，以提升办案质效为导向，尊重办案规律和管理规律，实事求是地开展管理活动。

（一）统筹检察长、检委会、办案部门、案管部门等各主体的案件管理

案件管理首先是检察长、检察委员会对案件的宏观管理，其次是办案部门对案件的自我管理，最后是案管部门对案件的集中统一管理。案管部门要发挥检察业务中枢的职能定位，跳出案件管理部门看案件管理工作，以案件管理部门有为"小管理"，促进检察机关有力"大管理"。要服务检察长、检察委员会对业务工作的宏观管理，做好检察长和检察委员会对业务工作要求的"传导器"，依托业务数据分析研判会商平台等，向办案部门传达检察长和检委会的要求，确保各项工作沿着正确的方向推进。要融合办案部门的管理，加强与办案部门的配合，通过提前通报监管情况、定期召开联席会议等方式，共同发现、解决业务运行中的问题，形成管理合力。要对接其他管理部门的管理，做好与政工部门、检务督察部门等衔接，科学设置检察官业绩考评指标，及时移交涉嫌违法违纪线索，提升管理的合力。

（二）统筹案件数量、质量、效率和效果的管理

数量、质量、效率和效果是对办案的综合评价，一般情况下具有较强的正相关性，一名检察官工作能力强，往往表现为办理的案件"又多又快又好"。但在特殊情况下，办案数量、质量、效率和效果又会出现矛盾，需要统筹兼顾，有针对性地做好管理工作。首先，要根据业务工作不同的发展阶段，采取不同的管理措施。一项工作往往会历经从"做起来"到"好起来"的转变。在"做起来"阶段，要重视数量的激励作用，通报具体数据大小，引导办案人员多办案。在"好起来"阶段，要更加重视办案质量，不宜再以数字大小论优劣，引导办案人员办好案。其次，要根据业务工作不同的体量采取不同的管理措施。在评价案件质量时，一般应针对办案规模相当的检察官，或者人均办案规模相当的院进行比较，使得评价标准更加科学合理。最后，在评价办案质量的同时，也要关注办案时长。对于一些具有中止、延长、调卷等事由的长期未结案件，要予以重点管理，审查其是否具有拖沓办案的情况。

（三）统筹宏观管理与微观管理

宏观管理是指通过数据或指标，对某一区域、某一条线、某一检察院、某个检察官的整体办案态势进行评价、指导，比如业务数据分析研判会商、案件质量主要评价指标等。微观管理是指通过办案文书等，对具体个案的办理程序、处理结果等进行管理，以评判个案办理优劣，比如案件质量评查、案件流程监控等。宏观管理与微观管理有所区别，宏观管理的方法和结论，不能直接适用于微观管理的个案。案件管理部门要把宏观管理与微

观管理结合起来，进行分层次的、有针对性的、精细化的监督和服务。比如，"案－件比"总体上是一个宏观管理指标，可以评价一个条线办案质量和效率，但这一结论并不适用于个案。在评价个案的办案质量时，需要引入案件质量评查的微观管理措施，分析退回补充侦查、延长审查起诉期限等行为是否必要，确定其中的"件"是否"空转"，从而实事求是地评价办案质量。

（四）统筹管理与应对"反管理"

有管理，就必然伴随"反管理"。案件管理工作中的"反管理"，主要是指案件办理、管理人员为逃避正常的业务监管活动，通过制造虚假案件、填报虚假数据、恶意利用现有管理制度"漏洞"等方式，使得办案活动表面上符合管理的要求，但实际上没有提升办案质效的行为。案件管理部门要正常看待"反管理"的客观性，认真分析原因，通过正反两方面的举措，以科学管理有效应对"反管理"。一方面，要针对"反管理"，有针对性地优化完善管理制度，改变单纯通过数据排名、数据通报评价办案活动的制度，增设通报值类型，增加办案时长的评价因素，在案件质量评查中对消极办案予以负面评价，更加全面、科学地评价办案活动。另一方面，要严肃处理数据造假、案件造假等行为，通过开展案件质量评查、业务数据检查等活动，发现并督促整改虚假办案问题，引导各地树立正确的政绩观。

（五）统筹人工管理与智能管理

要树立"向科技要生产力"的理念，把智慧案管建设作为破解案管"事多人少"问题的根本举措，全面提升案件管理智能化水平。最高人民检察院案管办正在组织研发业务管理系统，建立数字化分析研判体系、指标评价体系、数据核查体系、流程监控体系、质量评查体系，实现业务数据分析研判报告的一键生成、案件质量主要评价指标的一键展示、业务数据填录情况的一键核查、办案程序性问题的自动发现和反馈、案件质量的全覆盖等。各地案管部门要结合实际，加快推进本地信息化建设。同时也要认识到，不同的案管职能对信息化的依赖程度是不一样的，效果也有所不同。有些案件管理工作短时间内还不能通过信息化的方式开展，有些案件管理工作通过人工的方式效果更好，因此要有区别对待，在业务数据深度分析研判、案件质量评查、重大程序问题监控等方面，仍然需要发挥案管人员的积极性、能动性，提升工作质量。

第四篇

检察机关案件流程监控工作的检视与完善 *

　　流程监控是检察机关案件管理部门的一项基础性工作，检察机关开展案件集中管理的动因之一，就是对案件实行统一受理和流程监控。案件管理机制改革十余年来，流程监控工作在各地检察机关普遍开展，制度体系基本健全，信息化建设稳步推进，对于强化内部监督制约、提升案件质效发挥了积极作用。但对照检察机关"高质效办好每一个案件"的基本价值追求，当前案件流程监控工作仍存在一些不足和薄弱环节，亟待进一步厘清概念、特征与价值目标等，以高质效流程监控，推动检察业务工作高质量发展。

　　* 原载于《中国检察官》2023 年第 23 期。

一、案件流程监控的概念与特征

"流程"原本为水流的路径，通常表示为一个或一系列连续有规律的行动。"监，察也"，意为监测、监察；"控"，有控制、控诉之意。流程监控的本意，在于通过优化过程控制，实现高质高效发展的目标。流程监控一词较多应用于管理学领域，是指通过程序监测、控制及优化以提升生产效能。案件流程监控是检察机关的一项传统性工作，有案件办理就有对办案流程的监控。流程监控是案件管理三大监管业务中最基础的业务，是以管理案件程序质量为核心，以现代信息化技术为手段，对办案活动施行全程有效的监控。[①] 我国现行关于"案件流程监控"的规范性表述是最高人民检察院 2016 年 7 月印发的《人民检察院案件流程监控工作规定（试行）》第 7 条：案件流程监控是指对人民检察院正在受理或者办理的案件（包括对控告、举报、申诉、国家赔偿申请材料的处理活动），依照法律规定和相关司法解释、规范性文件等，对办理程序是否合法、规范、及时、完备，进行实时、动态的监督、提示、防控。准确、深入理解流程监控的概念，需把握以下几个特征。

一是全面监控与重点监控的统一。案件管理全过程与案件办理全过程相伴相随，对案件受理、流转、办理、办结的各个节点都应当同步开展案件管理，案件办理到哪里，管理的触角就应跟踪到哪里。[②] 流程监控面广线长内容多，包括"四大检察"所有案件类别，覆盖案件受理、审查、交办、办结

---

①　中国军：《案件管理实务精要十二讲》，中国检察出版社 2023 年版，第 188 页。

②　宋能君：《深化"全过程监管"推进检察跟踪高质效发展》，载《检察日报》2023 年 3 月 29 日，第 3 版。

等各个环节，包含办案权限、办案程序、办案文书、办案期限、系统应用、信息公开等多个方面，只有全面监控才能防止遗漏，才能织密监管网络。在抓好案件全诉讼节点、全流程管理的同时，必须强调主要矛盾和矛盾的主要方面，突出重点环节、重点内容，防止处处用力、主次不分。如，严重影响诉讼当事人诉讼权利的行为、严重违反诉讼程序的行为、重要文书缺失或未在规定期限内制作文书、超过案件办理期限等，应当成为流程监控的重点，情节严重的需要制发《流程监控通知书》和向检察长报告。

二是监督功能与指引功能的统一。流程监控具有监督和指引两种功能，这是案件管理监督与服务职责在流程监控中的具体体现。一方面，案管部门通过制定流程监控指引，在信息化系统上设置必要的办案节点，指引办案人员按照法定的办案程序办理案件，提醒办案人员在特定节点需要制作哪些法律文书，提示办案人员办案期限即将届满等，服务办案人员依法依规办理案件。同时，案管部门对办案活动的全程、同步、动态监督，通过口头纠正和流程监控通知书等方式，及时发现和纠正办案过程中存在的不规范问题。监督是流程监控的本质要求，指引是流程监控的工作方法，没有监督的流程监控就失去了立身之本，没有指引的流程监控效果会大打折扣。要把监督和指引统筹开展，对于全面监控侧重于指引，对于重点问题侧重于监督，对于办案程序先进行指引，指引落实不到位可加强监督，全面提升流程监控的效果。

三是办案质量与办案效率的统一。传统意义上的流程监控主要针对办案质量进行管理，一般不涉及办案效率。对于程序方面的不规范问题，通过口头和书面方式督促纠正。对于实体处理方面的问题，需要移送办案部门予以提醒。办案人员一般认为，只要案件在法定的办案期限内办理就是正常的。但对照"高质效办好每一个案件"的要求，迟到的正义非正义，一些案件长期不能办结，尽管有中止、延长、调卷、鉴定等法定事由，尽管没有超过办案期限，但拖得太长，就会影响人民群众对公平正义的感受，也谈不上高质效。因此，流程监控在关注办案质量的同时，也要重视办案时长，特别是对于容易长期未结的案件，如，对民事生效裁判监督案件、对行政生效裁判监督案件、审判监督程序抗诉案件、刑事申诉审查案件等，对于指定管辖等阶段性审查工作等，有必要及时予以提醒，防止案件久拖不决。

二、案件流程监控的价值功能

流程监控广泛存在于人们日常生活、工作的方方面面，是规范行为流程、提升办理结果、实现目标任务的重要手段，对于高质效开展检察办案活动具有较强的理论价值、制度价值和实践价值。

（一）流程监控是以过程控制提升工作效益的必然要求

流程监控在人类社会长期存在，有人就会有组织活动，有活动就需要对过程进行管理、监控，以确保实现应有的效益。中国传统文化有不少这方面的论述。孔子在《论语·子路》中提出：言必信，行必果，硁硁然小人哉，抑亦可以为次矣。管子在《管子·立政》中提出：令则行，禁则止，宪之所及，俗之所被，如百体之从心，政之所期也。西方国家学者主要在管理学方面研究流程监控。有人认为，控制是极为重要的，因为管理者只有通过控制这唯一的方法，才能了解组织目标是否实现以及目标没有实现的原因。[①] 效益原本是经济学上的用语，但这一概念同样可以适用于司法领域，流程管理相关理论开始应用于司法实践。如美国为解决因管理方面的缺陷导致的司法拖延问题，在 20 世纪 80 年代至 90 年代掀起了一场司法管理运动；英国通过司法改革和立法，逐步建立了系统完善的审判流程管理制度。[②] 加强检察机关案件流程监控工作，有利于规范办案过程，有利于保护被害人、犯罪嫌疑人个体权益，有利于促进修复被破坏的社会关系、被撕裂的社会价值等，实现"三个效果"的有机统一。

（二）流程监控是落实"高质效办好每一个案件"基本价值追求的重要举措

"高质效办好每一个案件"的基本价值追求，要求通过检察履职办案，在实体上确保实现公平正义，在程序上让公平正义更好更快实现，在效果上让人民群众可感受、能感受、感受到公平正义。践行这一基本价值追求，是办案部门和案管部门重要的责任。实际工作中，个别检察机关重实体轻程序，比如对案情简单的取保候审类刑事案件审查至第 12 个月才提起公诉，滥用退回补充侦查和延长审查起诉期限措施，对当事人的法律文书释法说理不到位等，影响了办案效率，也会因为程序不规范而影响当事人对最终处理结果的信任。加强案件流程监控，就是案管部门会同办案部门，及时发现和纠正办案中存在的程序不规范行为，促进检察办案不仅在实体

---

① 斯蒂芬·P. 罗宾斯（Stephen P. Robbins）、玛丽·库尔特（Mary Coulter）:《管理学》，李原、孙健敏、黄小勇译，中国人民大学出版社 2012 年版，第 481 页。

② 江必新:《论审判管理科学化》，载《法律科学（西北政法大学学报）》2013 年第 6 期。

上符合公平正义的标准，而且在尽可能短的时间内、以严格规范的程序完成办案流程，确保公平正义在当事人的预期内及时实现，以管理提升办案质量，以程序规范促进实体公信，让人民群众感受到公平正义。

（三）流程监控是促进案件管理科学均衡发展的客观需要

案件管理职能可以大致分为宏观管理和微观管理。业务数据分析研判、案件质量主要评价指标等是对整体办案态势的管理，属于宏观管理。案件流程监控、案件质量评查、业务数据检查等是对具体个案的管理，属于微观管理。近年来，各地检察机关加大力度开展对案件的宏观管理，使之成为案管部门的亮点工作。与此同时，案管部门的微观管理，特别是个案流程监控发挥作用不足，影响了案管工作的全面发展。微观管理是案管部门的传统职能、基础职能，也是进行监督和服务最直接的职能。宏观管理的结果不能直接评价具体个案和检察官，需要结合微观管理进行有针对性的评价。没有宏观管理，案管工作只能在低水平徘徊；但没有微观管理，案管工作就失去了立身之本，宏观管理也难以真正发挥评价办案的作用。强化案件流程监控，就是针对案件微观管理被相对弱化的问题，重新强化微观管理的价值，通过突出流程监控重点、改进流程监控方式等措施，最大程度提升流程监控的效果，形成宏观管理引领微观管理、微观管理支撑宏观管理、二者均衡发展的案件管理职能格局。

三、案件流程监控存在的主要问题和完善举措

近年来，各地检察机关有序做好案件流程监控工作，在促进办案规范等

方面发挥了重要作用，但进入新时代新征程，流程监控在实践中仍存在一些不可忽视的问题：一些地方流程监控主要指出文书中的错误格式、案卡填录不规范、一般性文书缺失等表面化、浅层次问题，对于严重违反办案程序、严重侵犯当事人权益等问题发现纠正不多；案件流程监控总体上处于从人工监控向信息化监控的转变阶段，不少地方主要靠人工开展监控，信息化水平不高是流程监控的重要短板；一些地方案件管理部门"重监督轻跟踪"，对于轻微程序违法问题"一说了事"，对于重大程序违法问题"一发了事"，不督促问题整改情况，导致已经提出纠正意见的问题继续发生；多数检察院从事案件流程监控的人员不足，一些地方没有检察官甚至没有人员专职从事流程监控，降低了流程监控的力度和效果。下一步，要坚持问题导向，充分认识流程监控工作的重要价值，不断改进工作，促进流程监控高质量发展。

（一）优化流程监控理念

把优化理念作为完善流程监控的先导性工作，充分认识流程监控与司法办案是相辅相成、互相促进的关系，流程监控有助于规范司法办案、提高办案水平，严格司法办案又有助于流程监控机制效能发挥，从而树立和强化双赢共赢的理念，在监督中服务，在服务中监督。流程监控要保证司法办案的独立性，不能影响办案的正常进行，通过管理来促进规范办案。流程监控就像一双盯着办案流程的"眼睛"，注视着办案过程的每一个步骤，但是不干预办案，不越俎代庖，当发现问题的时候也不是直接纠正，而是通过提醒、发出监控通知书等方法进行监督，是一种内部的监督，也是部门之间、检察机关内部双赢多赢共赢理念的体现。

（二）推进流程监控实质化

把改变走形式、走过场等问题，实质化开展流程监控工作作为突破流程监控"瓶颈"问题的关键举措，促进流程监控从数量为主向质量为主的转变。要重点监督影响案件实体处理的问题，如办案组织不合法、没有办案权限、没有依法回避等问题，相对于单纯的程序性问题，影响实体处理结果的程序往往更加重要。对于流程监控中发现的实体处理问题，也要敢于提出意见，移送办案部门处理。要重点监督涉及犯罪嫌疑人、被告人诉讼权利的问题，如是否三日内告知权利义务、是否告知认罪认罚从宽后果等。要重点关注律师权益保护，对于阻碍辩护人、诉讼代理人行使权利的问题要着重关注，促进司法办案听取各方意见、更加客观公正。

（三）促进流程监控智能化

把依托软件智能化开展工作作为高质量开展流程监控的"治本之策"，促进流程监控从"人工监控"向"智能监控"转变。最高人民检察院案管办依托法治信息化工程，正在组织研发"最高检案件管理系统"，根据"四大检察"流程监控要点，优化完善检察业务应用系统 2.0 流程监控子系统功能，把流程监控要点转化为软件运行要求，推动建立办案程序问题自动发现、自动推送、自动反馈的流程监控模式，提高流程监控的自动化水平。各地案管部门可以先行先试、积极探索，运行适合本地的案件流程监控信息化软件，扩大流程监控的覆盖面，提升发现问题的能力，解决人力不足的问题，促进提升办案质效。[1]

---

[1]　中国军:《案件管理实务精要十二讲》，中国检察出版社 2023 年版，第 201 页。

（四）强化流程监控的刚性约束

把增强刚性作为强化流程监控效能的重要保障，创新流程监控的方式方法，做到既能够发现问题，又能够促进问题解决。要把流程监控与质量评查、业务数据分析研判等其他工作结合起来，使得流程监控发现的问题成为下一步质量评查的重要线索，成为业务数据分析研判会商的重要内容，接续督促问题解决。要把同级监控与上级院监控融合起来，上级院支持下级院的流程监控工作，探索开展对下级院久拖不决问题、重点问题的流程监控，推动流程监控工作一体化发展。要深化流程监控结果运用，把流程监控结果纳入检察官业绩考核，严重不规范问题移送检务督察局作为司法责任追究的线索。要健全流程监控机制，最高人民检察院建立日常监控、每月通报、每季度分析研判的流程监控制度，各地可以积极探索，提升流程监控的效能。

（五）推进流程监控专业化

高质量做好流程监控工作，重要支撑是建立一支数量够用、专业扎实、责任心强的流程监控队伍。市级以上检察院一般需要配备专门的人员从事流程监控工作，优先配备有办案经验、熟悉信息化操作的人员，有条件的检察院要安排专门检察官办理流程监控案件，确保流程监控有人负责、日常开展。最高人民检察院案管办将开展流程监控专项实战演练，选拔流程监控专项人才，各地案管部门要定期组织开展业务学习、专业培训、岗位练兵等，注重对民事检察、行政检察公益诉讼检察等案件流程监控能力的培养，培养流程监控业务骨干，促进流程监控均衡发展。

第五篇

检察机关案件质量评查的
价值目标与组织开展 *

案件质量评查是检察机关服务经济社会高质量发展，输出合格法治产品、检察产品的基本环节。最高人民检察院于 2017 年 12 月制定通过《人民检察院案件质量评查工作规定（试行）》（以下简称《评查规定》），明确了案件质量评查工作的基本要求、评查方式、评查程序等，为各地开展案件质量评查工作提供了依据。各地检察机关立足实际，针对不同案件属性与特点积极推进案件质量评查工作，取得了较好成效，积累了实践经验。但随着人民检察院组织法、检察官法等的修订与"四大检察"格局的深化，特别是进入"十四五"新阶段，监督办案高质量诉求不断凸显，对案件质量评查工作提出了新要求新挑战。因应新阶段经济社会发展新需要与人民群众新期待，规范与深化案件质量评查工作，亟须进一步厘清评查范畴、

＊原载于《人民检察》2021 年第 6 期。

原则与理念等，以高质量的案件质量评查，推动检察工作高质量发展。

一、案件质量评查的基本内涵

评查不同于"评鉴"。我国台湾等地区设立了个案评鉴制度，评鉴一般由专门的评鉴机构，对被评查为不合格或瑕疵的案件进行调查，是确定检察官是否需要承担司法责任的鉴定性工作。也即，评鉴针对的多是司法责任，而评查针对的是案件质量。《评查规定》从规范工作角度对案件质量评查作出概念界定，强调案件质量评查是对检察机关已经办结的案件，依照法律和有关规定，对办理质量进行检查、评定的业务管理活动。可见，所谓"评查"，重在"检查"与"评定"，两者相互依存、辩证统一。具体来说，检察机关依法依规对已办结案件质量进行专门的、专业化的检查、评定，并以此开展相关监督管理活动，由此建立形成的一系列体制机制规范，构成案件质量评查制度。·

（一）评查主体

实践探索中，案件质量评查主体较为多样。比如，有的检察院成立了包括案件管理部门、业务部门在内的案件质量评查领导小组，统一部署开展案件质量评查工作。有的地方以"院"为单位，由上级检察院统一组织、各部门参与，适时邀请公安机关、法院及政法委、人大等相关部门参加。有的检察院由案件管理部门专司专职，集中履职、主导开展案件质量评查工作。不同的评查主体选择，直接决定了不同的案件质量评查工作模式。综合考察不同评查主体不同评查模式的实践质效，发现唯有履行案件管理职责的案件管理部门适合作为评查主体。案件质量评查具有较强的专业性，属于专门的办案监督工作。案件管理部门集中行使案件质量评查职权，有利于推动评查模式优化，促进提升检察办案内部监督实效。

（二）评查对象

案件质量评查的对象是案件，准确地说，是"已办结"的案件。如何界定案件"已办结"，可以概括为三种主要情形：一是"应结而结"，包括通过制发检察建议、纠正违法及司法工作人员相关职务犯罪侦查等依法办理的案件，顺利办结。二是"案结而诉未结"，案件虽已在检察机关办结，但诉讼程序还在继续，此时，案件质量评查的对象是诉讼程序终结的案件，仅在检察机关办结并不能进入案件质量评查程序。比如，对审查逮捕案件的评查。审查决定逮捕与否，只是诉讼过程的一个环节，案件最终可能由侦查机关撤销案件、检察机关作出不起诉决定，也可能顺利进入法院审判并依法作出裁决。因此，不能以检察机关已经办结案件，就对其开展质量评查，而是应等案件诉讼程序最终结束，再开展质量评查。再如，对监督公安机关立案案件的评查。公安机关立案后，检察机关的诉讼监督程序已经办结，但对监督立案的案件质量的评价，必然会涉及案件的最终处理结果，所以也应等到公安机关撤案、检察机关不起诉或法院最终判决后再开展质量评查。可见，如果静态地、机械地理解案件的"办结"，就不能全面评价案件办理质量。实践探索中，大部分省（市）检察机关立足"捕诉一体"办案实际，确立与坚持了该项标准。如，上海市检察机关确定的总体原则是以整个诉讼流程结束作为案件办结的标志，"一般应当在一审公诉案件办结后才能启动评查。"[①] 三是"案结而事未结",案件虽已在检察机关办结,但尚未实现案结事了,此时案件可以进入案件质量评查程序,事了与否应作为案件质量评价的重要参考。

(三)评查客体

案件质量评查的客体是"已办结"案件的质量。客体不同于对象。评查对象是一种客观存在,案件不会因主观意识不同而随意"灭失",也不会因案件类别不同而使评查工作性质发生变化。评查客体是主观与客观的统一,决定并影响着评查工作的性质。具体来说,评查对象是评查行为具体作用的事物,即已办结案件;评查客体则是评查作用的法律关系、法律行为等,即已办结案件的质量。案件质量不仅包含"对错",还包含"优劣",更包含监督办案的理念与价值追求,甚至还包含综合天理、国法、人情的司法良知。故此,案件质量评查工作不仅是一项监督纠错措施,更是一项重要的案件管理工作。

(四)评查方式

常态化评查和抽验抽核统筹推进,是案件质量评查的基本形态。在制度建设初期,立足案件量、机制建设、人力资源等因素,可以采取常规抽查、重点评查、专项评查相结合的方式对案件质量进行评查。常规抽查是检察机关对所有检察官所办全部案件按照一定比例和数量进行质量评查,主要指向检察官,关键是公开、公平、公正选取案件。重点评查是对容易

---

① 葛建军、周霞琴:《科学推进案件质量评查的体系化建构——以上海市检察机关的工作实践为样本》,载《人民检察》2019 年第 12 期。

存在或发现重大质量风险、重大质量问题的案件进行针对性评查，主要指向特定案件，重点是一案一查、逐案分析、逐案评定，防范和化解案件质量问题。专项评查是对特定类型案件或者案件特定环节、特定问题开展的质量评查。相较于常规抽查、重点评查，专项评查的最大特点是具有可选择性，可以立足实际自主选定。因此，专项评查能否取得预期效果，关键在于选择评查的特定类型案件、环节或问题是否典型，是否抓住了主要矛盾。

（五）评查标准

案件质量评查的首要依据是法律法规及《评查规定》、最高人民检察院《检察机关案件质量主要评价指标》等规范性文件确定的"硬"标准，应据此客观、公正、全面地评价办案质量。此外，还应遵循与践行新时代法律监督理念等"软"标准，坚持"案－件比"的价值导向，在评查评价实践中逐步健全完善涵盖检察机关全部业务领域和业务全流程的案件质量评价指标体系，努力把工作做到极致，有效减少"件"数，避免不应有的程序空转和程序回流。

二、案件质量评查的价值目标与基本功能

案件质量评查的直接目的，在于通过评价案件质量"优劣"，规范司法行为，提高案件质量，实现案件管理。案件质量评查更深层次的价值目标，在于总结分析案件质量状况，特别是不合格案件、瑕疵案件的特点、成因并提出改进工作的意见建议，通过对个案的质量评查发挥对整体办案工作的指导和管理作用，引导与督导检察人员树立整体质量意识、责任意识，

践行"在办案中监督，在监督中办案"等检察监督新理念，以高质量的办案工作推动深化检察工作。

监督与管理相统一，监督、管理、治理层层递进，是案件质量评查区别于一般案件管理工作的显著特征。实践探索中，由于对"评"与"查"的理解不同，对监督与管理的侧重也有不同认识。一种观点认为，案件质量评查重在"查"，评查的方式、手段主要体现为"检查""督查""核查"等，"查"是重点。另一种观点认为，案件质量评查重在"评"，"查"是"评"的手段，评查的结果是确定案件质量等次。显然，第二种观点体现了案件质量评查的基本属性。检察机关要提供优质的司法产品、检察产品，就要经过"产品"检验，确定质量等次，确立优质"产品"标准。监督与管理相统一，集中表现为"评"。

严格意义上讲，案件质量评查是对检察办案工作的一种事后监督。首先，监督是案件质量评查的首要功能。通过专业化的监督，评查评定检察官办案质量情况，既体现了检察机关"管办分离"原则，也是检察机关加强自身监督、促进检察权依法规范运行的基本手段。其次，案件质量评查具有纠错功能。如，通过案件质量评查发现司法履职瑕疵、违纪违法线索的，可以及时提出意见建议，依法移送案件问题线索，对案件办理纠错纠偏。这里的纠错，既可以是具体个案办理存在的问题，也可以是类案的潜在性、共性问题。再次，案件质量评查具有考核功能。案件质量评查可以与业绩考核评价相结合，把检察官承办案件的评查结果纳入绩效考核体系，作为遴选、评职级、奖惩的重要依据，推动实现对检察官优胜劣汰的动态管理。最后，案件质量评查具有指导功能。通过个案评查，强化个案指导，督导检察官根据评查意见规范办案行为、提高办案质量。同时，通过案件质量评查通报、反馈答疑和落实整改建议，特别是评选出的典型案件、法律文书，以及总结提炼的可复制、可推广的工作经验、做法等，引导促进提升监督办案整体品质。案件质量评查还具有引领功能。检察机关通过开展案件质量评查，履行高标准、高质量的监督职能，对司法工作本身具有引领、促进作用。在个案引领方面，加强对群众身边"小案"的质量评查，在审查逮捕、审查起诉等诉讼环节把严标准与要求。越是常见多发的案件，越要坚持高质量评定，从而对其他司法活动起到引导、监督作用，推动司法机关切实担负起"办好群众身边案件"的政治责任、社会责任和法律责任。在执法司法精细化管理方面，检察机关在创建"案－件比"办案质量评价指标的基础上，通过严格的案件质量评查，进一步降低"案－件比"，减少当事人诉累，达到最佳诉讼效果，推动司法机关形成共同的司法导向，在各个环节共同发力，坚持"求极致"的工作态度，让人民群众在每一个司法案件中感受到公平正义。

三、案件质量评查的理念与原则

从广义上讲，案件质量评查的理念与原则来源于监督办案，又作用于监督办案实践，其在评查实践中不断探索、凝练与深化，并进一步促进优化法律监督理念，推动检察工作高质量发展。从狭义上讲，案件质量评查的理念与原则强调的是开展评查工作所应遵守的行为准则、方式与规范。

（一）评查理念

一是坚持以人民为中心。这是案件质量评查工作的出发点和落脚点。案件质量评查工作说到底是检察工作的组成部分，与各项办案工作一样，必须坚持与践行以人民为中心理念，主动回应人民群众对民主、法治、公平、正义等的更高水平需求，通过评查评定自觉为人民群众提供高质量的监督办案产品。二是坚持客观平等公正。评查与办案职责不同，但价值目标一致，二者相辅相成、职责平等。评查既不"居高而下"，也不"从属于人"，而应秉持客观立场，坚持平等公正又"技高一筹"。三是坚持公开透明稳定。评查组织、程序、标准、人员及作出结论等均应公开透明，既要摒弃评查"神秘主义"，更要防止评查标准、指标等因时而变、因人而异、因案不同，确保评查行为具有可预期性，引导检察人员自觉接受监督。四是坚持双赢多赢共赢。双赢多赢共赢既是法律监督理念，也是检察机关开展案件质量评查的基本理念。坚持与践行双赢多赢共赢理念，将评查工作的价值追求融入检察办案中，融入法律监督大局，是评查工作可持续、高质量发展的基本保障。

（二）评查原则

评查原则是开展评查工作的准则与规范。一是坚持地位中立与结论独立。评查检察官必须基于案件办理的事实、证据等客观条件，客观中立、依法规范地作出评查结论。既不因"案外因素"带有任何"有色眼镜"，也不因评查主体自身对案件办理的理解、办案经验等"先入为主"或"妄定假设"。客观公正对证据采信、事实认定等进行评定，独立作出评定等次意见，不受任何外部因素干扰。二是坚持实体评查与程序评查并重。重程序评查、轻实体评查或重实体评查、轻程序评查，都易导致评查流于形式、走过场。办案实体、程序都属于评查的范围，不可偏废。三是坚持查、评、处相结合。"查"是基础，在"查"的基础上确定评定等次，在确定等次的基础上提出处理意见，三者之间环环相扣、有序推进。要防止不查而评、不评而处。四是坚持个案评查与宏观指导相结合。在个案评查的基础上，善于总结评查发现的普遍性、倾向性、典型性问题，提出有针对性的意见，加强类案指导，最大限度发挥案件质量评查的应有功能。五是坚持质量评查评定终身承担责任。这是保障评查工作质效的基本原则。一方面，把合格案件评定为不合格案件的，要承担相应责任；另一方面，把不合格案件、瑕疵案件评定为合格案件，或者把合格案件评定为优质案件的，也要承担相应责任，并与检察官办案责任终身制相衔接。

四、案件质量评查的组织开展

案件质量评查主要包括证据采信与排除、事实认定、法律适用、办案程序、文书制作和使用、释法说理、办案效果、落实司法责任制等八个方面内容，其中，证据采信与排除、事实认定、法律适用、办案程序是重点环节。从评查流程来看，案件质量评查主要包括选案、审查、拟评、评定与反馈、纠正等基本程序，不同环节有不同的侧重点。第一，选案，即选取被评查案件。常规抽查主要按照一定比例和数量随机抽选案件，重点评查是对重点案件全部选取，专项评查是对确定类型、环节、问题的案件进行选取。第二，审查。这是质量评查的主体环节，应充分调取案件资料，组织开展全案审查。审查过程中，可以向办案人员、部门负责人及当事人、律师等相关人员了解情况。第三，拟评，即拟评定意见。如，拟认定为瑕疵案件或不合格案件的，应当听取被评查单位、办案人员的意见。被评查单位、办案人员提出异议的，评查组织部门应当及时审核，认为异议成立的，应当接受并修改评查意见；认为异议不成立的，应当说明理由并将评查意见和认为异议不成立的理由一并报请检察长决定。必要时，可提请检察委员会讨论决定。第四，评定与反馈。提交拟评意见，由检察长或检察委员会审议，确定评查结果。根据《评查规定》，评查组织部门应在 5 日内将评查结果送至被评查单位，同时分送院领导和其他相关部门。第五，纠正。对于存在严重错误需要纠正原办理结论的案件，应当报请检察长或检察委员会依法纠正。对于评查结果认定的具体问题，能够补正的，办案人员、办案单位应当及时补正，并书面反馈给评查组织部门。对于评查中发现的普遍性、倾向性问题，评查组织部门可以通过讲评培训、通报评查结果等方式，协调相关部门建立健全长效机制。

五、案件质量评查的制度展望

推进案件质量评查工作是巩固深化司法责任制改革的重要配套措施，也是检察机关加强内部监督制约、保障办案品质的重要举措。未来，案件质量评查工作的发展可以概括为"八化"：组织机构专门化、评审案件全面化、评查频次常态化、评查程序规范化、评定等次标准化、评查队伍专业化、评查手段智能化、结果运用考核化。案件质量评查工作最终要实现制度化，须将实践探索中证明行之有效的案件质量评查理念、原则、方法等，逐步规范化、固定化，从而形成一套衔接有效、运行规范的制度体系。

第六篇

检察业务数据分析研判会商机制的
实施与完善 *

2018 年 6 月，最高人民检察院印发《最高人民检察院业务数据分析研判会商工作办法》（以下简称《会商办法》），标志业务数据分析研判会商机制正式建立。2020 年 7 月《会商办法》作了修改，使该机制更加完善，内容更加丰富。目前，全国四级检察院都建立了业务数据分析研判会商机制，对全国和当地业务工作开展的整体情况和专项情况进行把脉问诊。本文围绕业务数据分析研判会商机制的提出背景、基本概念、核心内容、价值作用、完善建议等方面，作些探讨。

----

* 原载于《人民检察》2021 年第 12 期。

一、业务数据分析研判会商机制的提出背景

（一）数据成为信息化时代核心资源，是开展业务数据分析研判会商工作的时代推动

随着信息技术和人类生产生活深度融合，互联网快速普及，全球数据呈现爆发增长、海量集聚的特点，对经济发展、社会进步、国家治理、人民生活都产生了重大影响。数据像传统的"人、财、物"一样成为重要的生产资料和创新资源。2017 年，党的十九大报告中强调，推动互联网、大数据、人工智能和实体经济深度融合；2019 年，党的十九届四中全会将数据确定为与劳动、资本、土地、知识、技术、管理并列的第七大生产要素；2021 年，十三届全国人大四次会议通过的《关于国民经济和社会发展第十四个五年规划和 2035 年远景目标纲要》中，"数据"一词出现了 50 余次，正成为融入经济社会发展各领域的要素、资源、动力、观念。检察机关掌握着刑事诉讼、民事诉讼、行政诉讼、公益诉讼监督的大量数据信息，理应顺应时代发展，让数据说话，通过业务数据分析研判会商，透视业务工作，找准短板和不足，指导检察工作更好发展，这是信息化时代的必然要求。

（二）人民群众对更优检察产品的迫切需求，是开展业务数据分析研判会商的社会推动

随着社会主要矛盾的变化，人民群众对民主、法治、公平、正义、安全、环境等方面有更高水平、更丰富内涵的需求。人民群众不仅希望在每一个司法案件中感受到公平正义，而且希望通过检察机关办案数据了解社

会运行状况，尤其是社会治安状况、社会矛盾现状。人民有所需，司法有所应。检察机关作为国家法律监督机关，应坚持以人民为中心的发展思想，对人民群众关心、社会关切的办案数据分析会商核准后，及时发布出去，满足人民群众的新需求。

（三）新的数据采集模式产生海量检察业务数据，为开展业务数据分析研判会商提供了现实条件

拥有大量数据特别是相互关联的数据是开展分析研判的前提。2017年初，全国检察机关上线运行统计子系统，由办案系统直接生成统计数据，改变了以往数据采集模式，数据的种类更加丰富，颗粒度更加精细，达到700余万项，基本涵盖了"四大检察"的实体内容和办案流程，为开展业务数据分析研判会商提供了数据金矿，特别是新的统计系统建立了一案一号等功能，将多环节、多个体、多视角的数据联系到一起，将反映办案规模、质量、效率、效果的数据汇聚起来并加以关联，为全面、深入开展业务数据分析研判提供了现实条件。

二、业务数据分析研判会商的概念

检察业务数据分析研判会商，是指检察机关通过对检察业务数据变化的专门分析，研判业务数据背后反映的检察业务工作运行状况，着重发现倾向性、典型性、异常性问题及其原因，提出相应解决意见和建议，从而对内发挥业务监管、指导作用，对外发挥法律监督、社会引领作用的一项检察活动。准确理解这一概念，需要着重把握以下几个方面。

（一）业务数据分析研判会商的主体是检察院

业务数据分析研判会商的主体，是指由谁来启动、开展、推进会商，解决的是会商的责任部门和工作隶属问题。在业务数据分析研判会商中，虽然案件管理部门承担了大量的工作，但会商绝不是案件管理部门一家的事情，而是检察机关共同的责任。总体来看，业务数据分析研判会商是一个不断深化的过程，大致可以分为分析和研判两个阶段。在分析阶段，主要由案件管理部门负责汇集检察业务数据，对检察业务数据进行初步分析，提交分析报告。在研判阶段，主要由院领导、业务部门和案件管理部门共同负责，召开由院领导以及各业务部门和相关部门负责人参加的会商会议，研判检察业务运行状况，提出下一步业务工作的意见和建议。综合业务数据分析研判会商是一项全院的工作，其责任主体是所在的检察院。

（二）业务数据分析研判会商的对象是检察业务工作

业务数据分析研判会商的对象，是指在会商会议中，会商主体重点从哪些方面、哪些角度发表意见，解决的是会商指向的具体内容问题。有观点提出，业务数据分析研判的对象是业务数据和信息。[①] 这种观点是片面的，没有从现象中认清业务数据分析研判会商的本质，容易导致会商走形式、走过场。业务数据分析研判会商中虽然会涉及大量的检察业务数据，但业务数据和业务工作属于不同的概念，业务数据是现象，业务工作是本质，会商的目的是通过业务数据变化探究业务工作态势，因此会商的对象

---

① 王雷、李峥峥：《检察业务分析研判工作研究》，载《检察调研与指导》2020年第3辑（总第34辑），中国检察出版社2021年版，第153页。

是检察业务工作。具体而言，在会商过程中，各参与人员的主要工作任务是分析数据升降背后的原因，分析检察业务运行态势，发现检察业务运行中存在的倾向性、典型性、异常性问题，提出相应解决意见和建议。

（三）业务数据分析研判会商的基础是数据真实准确

业务数据分析研判会商的基础，是指会商要达到指挥调度检察业务工作的目的需要的前提和条件，解决的是会商准备是否充分的问题。成功会商的基础是数据真实准确。从逻辑顺序上看，先有业务数据呈现的客观状态，才有对数据的分析研判和运用。[1] 从现象与本质的辩证关系看，之所以能够通过业务数据这个现象研判业务工作这个本质内容，是因为本质是事物的根本性质，是组成事物各个基本要素之间相对稳定的内在联系；现象则是事物的外在联系和表面特征，是事物本质的外在表现，[2] 二者有着必然的内在联系。如果业务数据不准确，那么业务数据与业务工作的内在联系就会中断，无法以业务数据为向导认识业务工作，更不可能为检察业务工作开展提供科学的指导。

（四）业务数据分析研判会商的原则是实事求是、客观准确、问题导向、突出重点、及时有效

业务数据分析研判会商的原则，是指会商需要遵循的基本要求，是贯彻会商整个过程的主线，解决的是如何科学开展会商的问题。实事求是原

---

[1]　金渊：《检务管理现代化视域下提升数据填录与数据研判质效的对策思考》，载《检察业务管理指导与参考》第 8 辑，中国检察出版社 2021 年版，第 50 页。

[2]　周新城：《同一类事物的本质相同，而现象则是多种多样的——理解马克思主义、社会主义的一个方法论原则》，载《延安大学学报（社会科学版）》2020 年第 2 期。

则要求会商根据数据变化情况，客观分析检察业务运行情况，不能体现部门本位和主观倾向。客观准确原则要求会商依据的数据必须真实准确。问题导向原则要求会商后发现问题，通过解决问题促进业务工作开展，不能回避问题、掩盖问题，更不能把会商开成经验交流会。突出重点原则要求在兼顾全面业务工作的同时，结合不同时期、不同区域情况突出检察重点工作，更好地突出会商的价值。及时有效原则要求在月初业务数据汇总后马上开展会商研判，尽可能消减数据本身的滞后性因素，最大程度增强会商成果的转化，为检察业务工作提供更加及时的指导。

三、业务数据分析研判会商机制的主要内容

自 2018 年 7 月第一次业务数据分析研判会商会议以来，截至目前^①，最高人民检察院共召开分析研判会商会议 12 次，形成并下发全国各地涵盖"四大检察"的综合分析报告 12 篇、会议纪要类材料 12 篇，作出专题分析报告 20 余篇，对外发布和解读主要业务数据 7 次，已基本形成了集业务数据提醒、业务数据分析、业务数据会商、会商意见部署与反馈、业务数据发布与解读等"五位一体"的业务数据分析研判会商机制。

（一）业务数据提醒

定期将一段时间内变化异常的办案数据提供给相关业务部门，称之为业务数据提醒。以最高人民检察院为例，根据不同时间和提醒后的不同工

---

① 这里的截至目前是指 2021 年 6 月。——编者注

作要求，一般采用以下三种方式进行：

第一种方式，每季度的第一个月，案件管理办公室分别向各业务部门提供当年上个季度之前时间段的业务数据分析报告（一月份提供上一年度的业务数据分析报告），内含异常数据（一般指"数量"类同比上升、下降幅度为 10% 以上的数据以及"比率"类同比增加、减少 2 个以上百分点的数据）。各业务部门要重点围绕业务数据反映的规律、趋势、特点、影响、问题以及需要提出对策的事项等进行深入分析，在季度业务数据分析研判会商会议上共同研究。第二种方式，每季度的第二个月，案件管理办公室分别向各业务部门提供当年度上个月之前时间段的业务异常数据，由各业务部门自行掌握分析。各业务部门针对异常数据采取的具体工作部署或措施可以反馈给案件管理办公室。第三种方式，每季度的第三个月，案件管理办公室分别向各业务部门提供当年度上个月之前时间段的基本业务数据，内含异常数据。各业务部门要根据本业务条线的实际工作情况，认真分析基本业务数据并撰写分析报告，提供给案件管理办公室，为季度分析报告做准备。通过逐月的数据提醒，为对下指导提供可视化的参考依据。

（二）业务数据分析

业务数据分析是指对业务数据进行横攀竖比，解析变化原因、判断发展趋势；发现数据隐含的价值信息，让冰冷的数据可视化，其主要载体是定期业务数据分析研判报告和专题分析研判报告。

定期分析研判报告，即为定期开展业务数据分析研判会商会议准备的报告。以最高人民检察院为例，该报告涵盖"四大检察"的各项工作，重在客观上展现一个时期各项业务工作开展的总体情况，既反映成效，也反映弱项、问题和不足，是从数据角度对各条线业务的客观总体评判，因此其重点反映的是业务发展趋势、特点和值得关注的问题，而趋势、特点、问题背后的深层次原因以及应采取的改进工作的针对性对策、措施并不是其重点，是会商的重点。

专题分析研判报告，即就某一领域或某一项业务活动开展的分析。这里既有对检察机关办案质效的分析，也有通过检察业务数据对其他机关履职情况、社会运行状况的分析。如，检察机关服务保障"三大攻坚战"情况分析、检察机关开展公开听证情况分析、审前羁押状况分析、未成年人犯罪情况分析等。专题分析研判报告注重长跨度宽领域深分析，往往要形成有事实有数据、有表象有原因、有比较有分析、有趋势有对策的分析报告，时间区间上可以一年、三年、五年甚至更长的时间。专题分析研判报告往往可以直接发挥对业务工作的指导作用。

（三）业务数据会商

业务数据会商是业务数据分析研判会商机制的一个具体环节，即院领导与各业务部门负责人围绕办案数据研究业务工作。如，最高人民检察院在每季度第一个月的中旬开展上个季度业务数据的会商会议。会商时，一般先由案件管理办公室简要汇报业务工作总体情况、各业务部门的分析情况和上一季度会商议定事项的落实情况，提出需要关注和讨论的问题。参加会商的人员重点就各项业务数据分析研判报告中反映的工作成效、态势、问题以及原因、对策等发表意见。会商会议可以定期召开，也可以根据工作需要临时举行。

（四）会商意见部署与反馈

会商意见部署与反馈是确保会商意见落地的重要制度安排，主要载体是会议纪要和会商报告。每次业务数据分析研判会商会议后，检察机关要制作会议纪要，将透过数据发现的业务问题，经过会商会议作出的工作安排，以会议纪要的形式记载下来。以最高人民检察院会议纪要为例，每次会议纪要都要部署安排业务工作。会议纪要和业务数据分析报告经检察长批准后，印发院领导、各业务部门和下级检察院检察长，直接指导业务工作开展。为确保会议纪要落地见效，每次会商会议召开前，通常还要将上一次会商会议纪要的落实情况一并提供给本次会商会议研究。

（五）业务数据发布与解读

业务数据发布与解读是及时转化业务数据分析研判会商成果的又一举措，即将主要检察业务数据在会商会议召开之后一周内向社会发布。最高人民检察院于 2019 年 10 月 30 日首次向社会发布全国检察机关主要办案数据，现已形成制度化。业务数据发布呈现以下特点：一是全景式展示检察机关的主要工作。历次数据发布内容都涵盖了"四大检察"的主要业务数据，同时还包括检察机关开展的重点工作数据，如，入额院领导的办案数据、检察长列席审委会的数据、开展公开听证的数据等。二是多维度呈现检察机关的办案实际。既有体现办案数量的数据，也有体现办案效果的数据；既有时间维度纵向对比的数据，也有空间维度横向对比的数据。三是重点式聚焦党和国家工作大局。如，全国检察机关开展"扫黑除恶"专项斗争的情况、检察机关服务保障"三大攻坚战"的情况等。四是及时性回应社会重大关切。如，及时发布了检察机关办理妨害疫情防控犯罪的有关数据、疫情防控期间利用电信网络手段实施犯罪的数据等。五是深层次解读重点数据变化。定期发布的检察业务数据不是简单的数据罗列，而是让数据说话。每次数据发布都附之数据解读，在数据呈现的基础上，对重点数据变化趋势、背后的原因等进行深度解读，便于社会更加全面、深入了解数据变化情况。

以上五个方面是一个相互联系、层层递进的整体，共同形成了业务数据分析研判会商从启动到落地、成果转化的运行模式。

四、业务数据分析研判会商的价值体现

从实践情况看，司法办案产生业务数据、业务数据分析研判会商提升司法办案质效，两者形成良性互动，检察机关的业务督导指导工作逐渐向"底数清、目标明、靶向准"的方向迈进。

（一）业务数据分析研判会商成为各地检察机关把脉业务工作的"会诊台"

会商的目的是会诊业务工作。检察机关充分运用会商平台，研究分析数据反映的业务工作现状、优劣、重点工作的成效和不足，提出加强和改进工作的意见和建议，推动业务工作发展。案件管理部门也充分利用这一平台，将定期分析与日常监管相结合，通过"月度数据提醒""季度性数据预分析""季度分析报告"等，增加重点关注数据，送各业务部门开展专业

研判，突出数据分析的监督功能。据了解，福建省三明市检察院还建立了由检察长带领案件管理部门检察人员定期到各业务部门开展数据会诊的制度，使会商更有针对性。

（二）业务数据分析研判会商成果成为各地检察机关作出重大决策部署的"新参考"

业务数据分析研判会商成果拓展了业务数据价值，为检察机关开展重大改革、重大部署、重大举措提供参考依据。据了解，天津市宁河区检察院对刑事犯罪的统计分析，为"捕诉一体"办案机制下科学设置办案组提供数据支持；山东省检察院对疫情防控期间案件办理情况的分析，为省检察院出台《关于充分发挥检察职能服务保障企业复工复产健康平稳发展的实施意见》提供数据参考。

（三）业务数据分析研判会商成果成为各地检察机关开展条线业务工作的"指挥棒"

在定期会商的基础上，检察机关可以针对会商反映出的重点或突出问题，及时进行深入分析或开展调研，从而更好地指导工作。据了解，河北省检察院对捕后赔偿案件数据高的分析，会商后促使具体业务部门立即部署开展捕后赔偿案件专题调研，找准问题症结；山西省检察院对全省"案－件比"数据的情况分析会商后，具体业务部门找准靶心，精准施策；云南省检察院对"危险驾驶犯罪案件"分析，促使具体业务部门加强对下指导，对不符合不起诉标准的9人予以纠正。

（四）业务数据分析研判会商成果成为各地检察机关补齐弱项短板的"助推器"

相互比较才能发现短板和不足。检察机关通过办案数量、质量、效率、效果等方面的对比分析，可以真正找到当地办案中的弱项、短板，从而采取有针对性的措施。

（五）业务数据分析研判会商成果成为各地检察机关助力社会治理的"新抓手"

业务数据分析研判会商成果逐渐成为检察机关履行法律监督职能，推进国家治理体系和治理能力现代化的重要抓手。据了解，有的分析报告推动当地开展专项活动，如，辽宁省检察机关对未成年人犯罪案件的情况分析，成为有关部门对一些特殊场合和校园周边环境进行集中整治的行动依据。有的分析报告为行业堵塞漏洞、出台标准提供重要参考，如宁夏回族自治区检察机关对三年非法集资类案件的分析，为金融管理机构填补制度漏洞提供了思路，等等。

（六）业务数据分析研判会商机制成为各地检察机关案件管理的"新载体"

根据《会商办法》，检察机关案件管理部门牵头推动业务数据分析研判会商机制，做好日常协调联络、会议召集、撰写报告、发布数据等工作，能够有效运用业务数据分析研判会商机制履行案件管理职能，如，通过起草会商会议纪要、汇总会商会议精神落实，把深化分析研判会商的过程转变为解决现实问题、规范司法行为的过程；再如，通过专题分析、异常数据提醒及时将问题移送各业务部门和相关下级检察院，增强了统计数据的权威性，扩展了统计数据的适用性和影响力，并对反复出现的司法不规范、影响办案质量的顽固性问题加强监督管理。

五、业务数据分析研判会商中存在的主要问题和完善路径

与检察工作新时代、新理念、新要求相比，业务数据分析研判会商还存在一些亟待解决的突出问题，如，个别检察人员对会商重视不够，存在认识误区；个别会商走形式、走过场，深度及针对性不强；个别会商成果转化滞后，运用不及时不充分；个别地方分析研判人才匮乏，能力不足，等等，应坚持问题导向，结合本地实际，重点做好以下几项工作：

（一）提高认识，真正把会商作为一项全院性工作

检察业务数据作为检察机关办案活动的真实记录，是院领导了解业务工作质效，进而了解社会运行状况的一个重要载体。各级检察机关的院领导尤其是检察长应充分认识到信息化时代数据的重要价值，充分认识会商是一项全院性的工作，真正重视业务数据、分析业务数据、运用业务数据，查找数据变化原因，分析数据变化趋势，转化分析研判成果。

（二）优化会商内容，选好会商的题目和角度

业务数据分析研判会商除了对"四大检察"定期整体呈现外，还要注重选择重点业务、突出类案、异常数据、社会热点开展深度分析研判，为领导提供更加主动、更具前瞻性、更务实有效的参谋服务。一是紧扣党和国家工作大局，注重检察机关参与社会治理类数据分析，找出工作薄弱点，

提升检察机关服务大局的成效；二是关注社会热点问题，注重类案分析，透过案件看社会，通过检察建议等方式延展分析研判成果，为化解社会矛盾、推动行政机关履职贡献检察力量；三是抓住业务工作中的突出问题，注重办案质效分析，充分运用案件质量评价指标，找出业务工作的短板和弱项，提出针对性举措；四是深挖数据价值，注重数据背后的原因分析和趋势判断，坚持个案类案剖析与数据分析相融合，宏观研判与微观剖析相衔接，找对原因、判准趋势、提实建议，让分析研判成果真正转化为推进工作的务实举措。

（三）搭建会商平台，形成工作合力

牢固树立双赢多赢共赢的理念，案件管理部门应加强与各业务部门及其他单位的合作：一是加强与办公室、法律政策研究部门的沟通，发挥后者在分析维度、分析方法、政策理论把握方面的优势，实现业务分析研判、典型案例分析及理论研究文章等成果相互借鉴，做到职能相互融合、知识相互补位、成果相互提升；二是加强与信息技术部门的联系，提高数据填录、数据审核、数据分析的信息化、自动化、智能化水平；三是加强与法院、公安机关的联系，定期共享不捕（不诉）复议复核、撤回起诉、无罪判决等办案数据，更加全面客观公正反映检察机关办案质效；四是加强与新闻媒体的沟通，搭建数据分析研判成果展示和转化平台，让优秀分析研判报告通过新闻媒体宣传出去。

（四）筑牢会商基础，促进会商依托的业务数据真实准确

各级检察机关应充分认识业务数据在会商中的基础性作用，认真做好

数据填录、数据审核、数据通报等工作，确保数据真实准确。做好数据填录工作，把数据填录作为司法办案的一部分，及时、完整、准确录入各种案件信息，确保信息资源准确、可靠、可用；结合教育整顿活动，对错填、漏填的责任人严肃追责。做好数据审核，持续加强日常数据审核，实时跟踪确认数据入库情况，定期开展数据专项核查，加强对重点数据的审核把关，适时开展数据通报，督促纠正不当的案卡填录问题。做好业绩考评，研究探索在案件质量评价指标体系中增加案卡信息准确率指标，并作为通用指标覆盖"四大检察"，倒逼规范填录、审核数据。做好智慧借助，以全国检察业务应用系统 2.0 版本研发为契机，尽快设计、开发、部署覆盖每一个案卡填录项目的逻辑验证规则，对互斥、异常数据增加自动拦截、提醒、预警功能，通过技术手段提高数据填录、采集、审核、管理的智能化水平。

（五）改进会商方法，提高会商的精度和深度

更好地开展会商，需要在转变方式方法上下功夫，需要深化"一个机制"、把握好"两种方法"、坚持"三个突出"、做到"四个有"。"一个机制"，即深化业务数据提醒、业务数据分析、业务数据会商、会商意见部署与反馈、业务数据对外发布和解读"五位一体"的业务数据分析研判会商工作机制，促进会商形成体系、更加规范科学。"两种方法"是指从观点到数据证明的方法和从数据分析到总结观点的方法。前者是先有观点，再去找数据证明是否符合观点，符合就总结经验成绩，不符合就要找出问题、教训，提出改进措施；后者是先分析业务数据，从数据升降情况特别是异常变化情况分析背后的原因，提炼工作规律。"三个突出"是指突出业务部

门、突出地方办案、突出个罪情况，分析某一个专题时，在描述总体情况后要对各业务条线的情况开展分析、对辖区内各地排名情况开展分析，要有具体的案例予以证明。"四个有"是指有观点、有数据支撑、有典型案例、有原因分析，增强会商的说服力。

（六）提高会商能力，建设领导有力、素质全面的会商团队

真正发挥会商的积极作用，尤其需要依靠高素质的会商团队。首先，主持会商的院领导是核心。通过较强的管理智慧、全面的业务能力、深刻的洞察力，加强对会商议程、重点的指挥调度，对参会人员观点、意见进行总结评析，指导业务工作科学发展。其次，组织会商的案件管理部门是基础。上级检察院要组织辖区内检察院案件管理部门检察人员以挂职方式专职参与本院业务数据分析研判工作，形成以点带面、自上而下的良好局面。探索运用上下一体工作机制，有效整合全省、全市分析研判人才，集中完成重大分析研判任务。把分析研判与评先评优、检察官遴选等结合起来，设定加分值，让能干事、会干事、干成事的检察人员获得看得见、感受得到的实惠。[①] 再次，参加会商的各业务部门是关键。各业务部门须充分发挥熟悉业务工作的优势，对案件管理部门的数据提醒、初步分析等进行认真研究，由异常数据提炼出业务工作存在的问题，提出改进工作的意见建议，更好地发挥会商在引领业务工作方面的积极作用。

---

① 张华伟等：《新背景下检察业务数据统计和分析研判工作研究》，载《检察业务管理指导与参考》第9辑，中国检察出版社2021年版，第50页。

第七篇

检察业务数据分析研判会商的基本方法 *

方向确定后，方法是关键；正确的方法可以事半功倍，错误的方法可能功败垂成。近年来，各级检察机关认真落实最高人民检察院工作要求，充分认识业务数据分析研判会商的重要意义，定期开展业务数据分析研判会商，会商工作已经成为管理调度检察业务工作的重要平台。但是，与检察工作新理念、新要求相比，会商还存在一些亟待解决的问题，特别是不会会商、会商效果不好等问题相对突出，究其根源是会商的方法不科学。现根据全国检察机关会商工作开展情况，总结提炼出会商的基本方法，以期指导各地高质量开展这项工作，更好地发挥会商的功能作用。

* 本文系国家检察官学院 2021 年度科研基金项目"检察机关业务数据分析研判理论与实践研究"（GJY2021C21）研究成果，与邢晓冬和赵培显合作。

一、在总体要求方面，明确"一个定位"、把握"两种方法"、坚持"三个突出"、做到"四个有"

所谓总体要求，是指一篇分析研判报告要达到全面分析检察业务运行态势、科学指导业务工作开展的目标，需要满足的基本条件。也是对会商稿文字、内容、结构等方面较为全面的要求。会商稿只有满足这些条件和要求，才符合会商的本质特征，才可以称之为会商。

（一）明确"一个定位"

分析研判会商的定位是什么，或者说为什么要开展分析研判会商，许多起草分析研判报告的同志并不清晰，或者不完全清晰。这些问题表现在：第一，很多人把它当成统计分析，紧紧围绕数字上升下降去分析，在数据的汪洋大海中无所适从，结果面面俱到、泛泛而谈、重点不突出。第二，相当一部分人把它当成案件管理分析，站在案件管理的角度挑毛病、找问题，居高临下，容易以偏概全。第三，一些人总是站在业务部门的角度，着重分析成绩、经验，提出的问题不疼不痒，分析研判走过场、流于形式。其实，会商正确的定位应当是站在检察长的位置，全面审视业务工作情况，提出客观、全面、有针对性的意见，服务业务决策，指导业务开展。在这个定位里，最重要的是要站在检察长的位置对检察业务工作的全面审视，做到公正、不偏不倚。关键是要提出客观、全面、有针对性的意见，如果各种分析后没有结论性意见，这个分析研判就是不合格的。目的是要服务业务决策、指导业务工作。如果提出的意见不能服务业务决策、指导业务工作，那么分析研判会商就没有价值和意义。

（二）把握好"两种方法"

起草会商稿一般有两种方法，"从观点到数据证明"和"从数据分析到总结观点"，第一种方法是重点，第二种方法是补充。第一种方法是从观点到数据证明。这是最常用的方法。这里说的观点是一个广义的概念，实际是要求、想法，主要指想了解的工作情况。也就是从工作要求到数据实证。比如，中央提出扫黑除恶专项斗争，那就需要这方面犯罪的数据分析；比如，服务长江经济带，就需要分析沿江省市打击非法捕捞犯罪的数据；比如，最高人民检察院党组重视"案-件比"，就需要分析"案-件比"的相关数据，最高人民检察院党组重视认罪认罚从宽制度推进情况，就要分析适用率、采纳率、律师参与率等数据；等等。这种方法就是先有观点，再去找数据证明观点，符合了就总结经验成绩，不符合就要找出问题、教训、提出改进措施。第二种方法是从数据分析到总结观点。这种方法不常用，但也必不可少，主要体现案管部门的工作能动性和自由裁量权。案管部门发现一些数据变化比较大，或者一些数据常年没变化等，要有敏感性，分析背后的原因。比如，我们发现诉前羁押率一直比较高，多少年变化都不大，进行专门分析，提出改进工作的意见建议。

（三）坚持"三个突出"

一个好的分析研判报告要抓重点，就要突出业务、突出地方、突出个罪，通过纵横结合、点面结合，真实反映业务运行态势。第一，突出业务部门。就是要在全面分析的同时，体现各业务条线的情况。比如，在分析2021年1至9月犯罪不诉率时，既要有全部犯罪的不诉率，也要有普通犯罪、重大犯罪、职务犯罪、经济犯罪等不诉率，体现条线特征。第二，突出地方办案。在全面反映工作情况的同时，要对各省进行排序，列出前五名和后五名，反映各地工作开展情况。比如，在分析2021年1月至9月不诉情况时，提出不起诉率较高的地区有贵州、浙江、甘肃、宁夏、海南，体现区域特征。第三，突出个罪情况。在全面分析业务态势时，做到有面有点，以点佐面。比如，在分析2021年1月至9月撤回起诉情况时，提出诈骗罪、故意伤害罪、非法经营罪、合同诈骗罪等人数较多，其中诈骗类犯罪是撤回起诉人数最多、因证据原因撤回比例最高的罪名，要引起重点关注。

（四）做到"四个有"

分析研判报告要有观点、有数据支撑、有典型案例、有原因分析。第一，要有观点。一些分析报告把数据升降摆一摆，没有结论，这是错误的。有观点包括两个方面：一是整体工作要有观点，有一个明确评价。比如，2021年1月至9月分析研判报告关于行政检察工作部分，就是这样的一个观点评价：全国检察机关行政检察办案数量、质量总体呈稳步上升趋势；公开听证和行政争议实质性化解工作持续向好。但行政生效裁判案件办结率、监督率均下降，并且地区间发展不平衡现象依然突出。二是单项分析也应该有观点。比如，关于行政争议实质性化解部分，观点评价是：行政争议实质性化解取得明显成效，公开听证和检察建议数量成倍增加。第二，要有数据支撑。分析研判要证明观点正确，唯一的支撑就是数据，要用数据说话，观点和数据一定要一致。第三，要有典型案例。一个案例胜过一打文件，在数据支撑的基础上，案例的证明更加有典型性和说明力。所以分析研判时一定要会用案例、巧用案例，可以正着用，也可以反着用，起到出其不意的效果。第四，要有原因分析。原因分析一定要准确、简洁，比如，2021年第一季度开设赌场罪位居起诉人数第五位，上升明显，分析认为主要与打击跨境赌博专项活动、惩治跨境赌博犯罪工作力度不断加大有关。

二、在内部逻辑方面，坚持问题导向、因果联系观点和两点论

一篇高质量的会商稿，不但要符合会商的基本要求，而且要遵从辩证法，符合因果律，重点突出、亮点纷呈、论证充分，特别是要针对业务运行中存在的问题，认真分析原因，提出符合实际的意见建议，真正发挥对业务工作的指导性作用。

（一）坚持问题导向

分析研判要始终坚持问题导向，如果一篇分析报告中没有发现明显问题，就是平淡的分析研判报告，或者说是一个没有价值的分析研判报告。坚持问题导向，就是要找到三个方面的问题：第一是典型问题，或者说普遍性问题。比如在分析审查逮捕质量时，对不构成犯罪不捕、证据不足不捕、无逮捕必要性不捕三种类型进行分析，会发现无逮捕必要性不捕占比长期偏低。应当说无逮捕必要性不捕应当排第一，但一些检察官不想承担嫌疑人脱逃等责任，够罪即捕，这是一个典型问题，常年存在、普遍存在。2021年1月至9月，无逮捕必要性不捕第一次超过证据不足不捕，下一步

数据如何变化要关注。第二是倾向性问题。就是发现工作中一些苗头性问题，就要及时指出来，分析原因，予以指导，防止形成普遍性问题。比如，2021 年一季度，在分析不起诉率时，发现检察机关立案侦查的司法人员有关职务犯罪不起诉率高于全国平均水平。发现这个苗头后，最高人民检察院进行专门分析，采取有针对性措施。2021 年 1 月至 9 月，检察机关立案侦查的司法人员有关职务犯罪不起诉率已等于全国平均水平。第三是异常性问题。就是工作大起大落，很反常的问题。特别是有的数据看起来是成绩，但对这种不正常一定要敏感。比如，在分析 2021 年第一季度"案 – 件比"时，发现"件"同比减少了 0.9 个点，同比减少了 32 万个"件"，大幅度下降，很不正常。经认真研究发现，这与 2020 年下半年办案系统对采取取保候审强制措施案件取消了原设定办案期限为 1 个月的限制有关，没有了 1 个月的限制，各地对采取取保候审强制措施案件适用 1 年的办案期限，也就不存在需要延期办理的问题，个别需要通过退回补充侦查的，也可能变相通过线下协调公安机关的方式解决，这也大大减少了"案 – 件比"中的"件"。这种现象表面上降低了"案 – 件比"，实质上却不符合"案 – 件比"的要求。

（二）坚持因果联系观点

因果联系的观点，就是要根据影响一个数据变化的相关数据进行分析，建立数据之间的因果联系，由果及因、再由因及果的反复分析过程。要抛开根据数据升降直接下结论、推导原因的浅层次分析方法而要由表及里，查找影响业务工作的深层次原因、直接原因。这是目前分析研判人员存在的一个突出问题，也是有的领导认为分析研判报告是统计报告、不是分析报告的原因。比如，关于逮捕质量，有的人片面根据不捕率上升，就分析认定为严把逮捕关。在同等条件下，这种判断是正确的，但如果运用联系的观点分析影响逮捕率高低的各种原因后再作出结论，可能就会南辕北辙。比如某年第一季度，全国不捕率最高的 A 地是 42.4%，最低的 B 地是 8.2%，最高与最低相差 34.2 个百分点。有人就认为 A 地的审查逮捕把关高于 B 地。但经研究发现，一方面，不捕率与公安机关提请逮捕率密切相关，二者总体上呈正相关。比如，A 地提请逮捕率为 71.3%，即公安机关将 70% 以上的刑事案件都提请检察机关批准逮捕，在这种情况下，42.4% 的不捕率不能说明审查逮捕把关严。另一方面，不捕率与检察人员的司法理念密切相关。部分地区在提请逮捕率高的情况下，不捕率仍较低，且无逮捕必要不捕占比也低，说明该地区检察人员仍持有"构罪即捕"理念。这种分析就是因果联系的观点，更加实事求是，更加具有针对性、说服力。

（三）坚持两点论

所谓两点论，就是分析要辩证，在突出主导倾向时还要兼顾另一面倾向，不能搞非黑即白的绝对化，不能一看见正向数据上升就只说好、一看见负向数据下降就只说不好，不能走极端，不能要么全盘肯定、要么全盘否定，这样造成的结果是：表扬时像歌功颂德，批评时像落井下石。分析发现办案数量上升、力度加大，在给予肯定时要提出注重加强质量，反之亦然。比如，在分析 2021 年 1 月至 9 月认罪认罚从宽制度时，提出"确定刑量刑建议适用率大幅提升，但幅度刑量刑建议水平仍有待提高"，既分析了成绩，又指出问题。在分析民事检察工作时，提出"民事审判活动监督案件数量大幅上升，监督质量总体向好，但监督发现的表层问题占比较大"。前半句主要说明成绩，依据是民事审判活动监督案件受理数量同比上升 75.9%，检察建议采纳率同比提高；后半句主要说明问题，理由是提出的检察建议中，监督的违法情形中瑕疵问题、表层性问题仍较多，深层次、重点环节违法监督力度仍不够。

三、在时间先后方面，坚持变化和注重规范

业务数据分析研判会商是检察机关近年来探索开展的一项工作，没有现成的经验可以借鉴，也没有成熟的模式直接套用，而是在常态化开展过程中，不断总结巩固既有的经验，同时根据院领导的要求、各部门的建议、实际运行的效果，在规范中求变化，在变化中促规范，促进这一制度更加科学完善。

（一）坚持变化

分析研判报告不能总是一副面孔，体例、内容要有新意、有变化，做到与时俱进、紧跟工作发展。比如，在开展 2021 年第一季度业务数据分析研判会商期间，关于同比时间的变化，由于 2020 年第一季度处于疫情防控的特殊时期，办案基数相对较小，一季度同比不能完全反映 2021 年工作，所以在同比基础上，增加了与 2019 年第一季度同期的对比，目的是更为准确地反映办案变化趋势。同时，随着完成全面建设小康社会、疫情防控平稳，相关内容进行精减并不再单列，而是突出了对知识产权犯罪、洗钱犯

罪、企业犯罪、《刑法修正案（十一）》新增罪名等类案的分析。又如，对全国检察机关1月至6月业务数据进行分析时，增加了全国32个省市自治区检察机关主要办案质量简析，实现了条线纵向分析和区域横向分析的结合。在具体内容方面，专门增加了社会治理类检察建议和对刑事诉讼、执行活动中普遍性、倾向性问题检察建议的分析，反映了检察建议制发中普遍存在的一些突出问题。再如，对全国检察机关1月至9月业务数据进行分析时，考虑到已经进入2021年第四季度，将存在的问题作了客观描述，并结合党和国家的工作大局，最高人民检察院的重大部署等，提出了一些意见建议；坚持总体与个体相统一，突出对类案的分析，刑事检察中对袭警罪、黑恶犯罪、洗钱类犯罪、妨害国（边）境管理罪、证券期货犯罪、开设赌场罪等作了专门分析，民事检察中对生效裁判监督类案件中合同类纠纷作了分析，公益诉讼检察中对新领域案件作了分析，未成年人检察中对性侵害未成年人犯罪作了分析，等等。

（二）注重规范

变化和规范既对立又统一。规范有两个方面：

第一，总体规范。分析研判报告的基本内容、基本数据要相对固定，也就是说要有连续性，不能变来变去，让人无所适从。比如，按照"四大检察"来展开，最后是重点关注工作情况（服务三大攻坚战、扫黑除恶、入额院领导办案、检察长列席审委会），刑事检察按照数量、质量、效率、效果来展开。刑事执行检察按照立案侦查职务犯罪案件、刑罚执行监督、刑事强制措施执行监督、强制医疗执行监督等展开，等等。

　　第二，细节规范。好的分析研判报告一定要注重抠细节，一般做到"十统一"：一是体例结构相统一。在确定条线分析、区域分析顺序，条线分析中各部门工作的顺序，各部门工作的大致顺序等，要基本统一，保持报告的规范性、严肃性。二是内在逻辑相统一。要符合三段论的基本要求，认识问题、分析问题、解决问题，每一个二级标题下面甚至每一段最低级标题下面的内容都要有一定的逻辑顺序，可以是简单的数据呈现、可以是内容分类、可以是原因分析、可以是正面要求后反面禁止，也可以是反面禁止后正面要求，总之逻辑要统一。三是数据与观点相统一。论据体现论点，数据为观点服务，两者要有机统一起来。四是观点之间要统一。每一个条线的分析研判报告，都会涉及总观点，报告中的每一部分都会有分观点，每一段中也会有小观点，这些观点可以不一样，但汇总起来，一定是多个小观点支持分观点，多个分观点支持总观点。五是数据之间相统一。业务数据分析研判往往有整体数据，还有分类数据，这两者要一致，分类数据之和等于总体数据。比如，某地写的不起诉 600 人，其中法定不起诉 120 人，证据不足不起诉 200 人，情节轻微不起诉 300 人。这样三类加在一起就不等于总数。同一类数据在一篇分析报告中可能多次出现，前后一定要一致、不矛盾。六是文字表述相统一。一篇报告中类似内容的表述要统一，比如，同比问题数量上一般表述为上升或下降；比率上一般表述为增加或减少。七是数据表述相统一。在变化程度的描述上也尽量统一，比如数量同比上升 1% 以内表述为略有上升，1% 到 5% 表述为有所上升，6% 到 10% 表述为同比上升，11% 到 50% 表述为明显上升，51% 到 100% 表述为大幅上升，100% 以上表述为成倍上升。质量上同比增加 1 个百分点以内表述为略有提高，1 到 2 个百分点表述为有所提高，3 到 5 个百分点表述为同比提高，6 到 10 个百分点表述为明显提高，11 个百分点以上表述为大幅提高。八是黑体标注与强调程度相统一。一篇报告中会有一些黑体显示的观点，要把真正重要的观点、数据显示出来，并且数量不能太多，不能滥竽充数。九是图表与数据相统一。图表要选择好，比如，占比的图表最好选择是圆形比例图；想要体现变化比较明显的，就用柱状图；想要体现变化趋势的，就要用折线图。十是标点符号相统一。一篇文章类似内容的标点也要统一，比如，罗列办案数量较多的地区，后面往往是"："，紧跟的内容如果只写各地的一项内容，地区之间用"、"，如果写两项内容，地区之间用"；"。

四、在内外联系方面，做到"四个结合"

业务数据分析研判会商不是一项孤立的工作，更不是一种单纯的数据分析，而是从党和国家大局、检察工作全局中确定选题和方向，通过深度分析服务大局的一项工作。因而，业务数据分析研判会商必须在与外界联系中获取源头活水、实现自身价值。

（一）与党和国家工作大局相结合

检察工作是政治性极强的业务工作，也是业务性极强的政治工作。这就是说明，检察工作必须要服从服务党和国家工作大局，业务数据分析研判会商必须与党和国家工作大局相结合。找到了党和国家的工作大局，也就找到专项分析的第一类选题，就能写出一篇推进社会治理的分析报告。当前党和国家的工作大局是什么，要很清楚，比如"六稳""六保"，克服新冠疫情带来的不利影响，促进恢复正常经济社会秩序；比如，常态化开展扫黑除恶斗争，保障国家政治安全和社会治安稳定；比如，服务非公经济发展，保障经济平稳健康发展；比如，依法守护食品药品安全，切实保障民生，等等。这些就是党和国家的工作大局，并且与检察工作息息相关。

联系了这些大局，就能够找到一些数据变化的原因。比如联系了"六稳""六保"、非公经济保护、企业合规等，就能够说明为什么对非国有公司、企业事业单位人员犯罪的不捕率、不诉率高于整体刑事犯罪；联系了脱贫攻坚工作，就能够说明司法救助大幅上升的原因。如果本地的数据体现不出来正相关的变化，就说明有问题，要么检察工作与大局结合不紧密，要么工作重点摆布不科学，要么业务数据不真实。当然，党和国家工作大局会随着时间的推进而发生变化，这就要求业务数据分析研判会商也随之进行调整。

（二）与最高人民检察院重点部署相结合

除了服务党和国家工作大局，最高人民检察院部署推动了其他工作，也应该关注相关数据的变化。比如，认罪认罚从宽制度是党中央决定建立的一项制度，也是最高人民检察院强力推进落实的一项制度，目前全国各地适用率均在80%的通报值之上，基本实现了案件的繁简分流、快慢分道。又如，公开听证工作是检察机关主动转变司法办案理念、接受外部监督的一项制度创新，是满足新时代人民群众在民主、法治、公平、正义、安全、环境等方面新需求的重要举措，是进一步提升检察人员办案能力，努力做到案结事了的重要途径。要关注相关数据变化，从以前的零星案件开展听证，到大检察官带头，各级检察院常态化落实，2021 年 1 月至 10 月开展 5 万余次，同比上升 6.5 倍。再如，企业合规工作有利于促进企业合规守法经营，减少和预防企业犯罪，实现司法办案政治效果、法律效果、社会效果的有机统一。强化洗钱罪的适用是履行国际公约义务、防范金融风险的重要举措，等等。一定要紧紧围绕这些最高人民检察院关注的、部署的重点工作，关注数据变化情况，有针对性地开展分析研判。

（三）与各业务部门工作开展相结合

针对社会反映强烈的问题，各业务条线以专项活动为抓手，推动相关工作，这就需要我们高度关注，纳入分析的范围。比如，2018 年，最高人民检察院部署民事行政非诉执行监督专项活动，重点针对人民法院对行政非诉执行申请的受理、审查、裁决和实施情况开展监督。部署之后，成果体现在哪里？直观体现就在于办案数据上。2018 年相关数据已有所反映，全年对行政执行活动监督提出检察建议同比上升 181.4%。随着专项活动的深入开展，2019 年提出检察建议数量仍呈现出较强的上升趋势。又如，2019 年 11 月至 2020 年 12 月，最高人民检察院部署开展"加强行政检察监督促进行政争议实质性化解"专项活动。针对的具体案件，既包括行政检察部门正在办理的案件和控告申诉检察部门受理的行政申诉案件，还包括部分办结案件，即检察院已经作出不支持监督申请决定，但当事人仍在申诉或上访的案件。业务数据分析研判会商就要关注这方面的情况，不仅关注总体数据变化情况，还关注各类型化解数据情况，包括在行政争议实质性化解中公开听证情况、服务保障"六稳""六保"情况、领导干部包案化解情况、司法救助情况、提出抗诉和再审检察建议情况等，全面地了解掌握这方面的工作。

（四）与法律法规、司法解释相结合

要掌握法律法规、司法解释的变化，包括最高人民检察院业务部门出台的相关规定，了解这些变化对数据的影响。比如，2013 年《人民检察院民事诉讼监督规则》规定，对人民法院作出的一审民事判决、裁定，当事人依法可以上诉但未提出上诉，向人民检察院申请监督的，人民检察院一般不予受理。有了这一条规定，之后的受理民事裁判监督案件一直呈现下降趋势。直到 2018 年 9 月，最高人民检察院下发了《关于停止执行〈人民检察院民事诉讼监督规则（试行）〉第三十二条的通知》，当事人针对人民法院作出的已经发生法律效力的一审民事判决、裁定提出的监督申请，无论是否提出过上诉，只要符合《民事诉讼法》第 209 条的规定，均应依法受理，对民事裁判监督案件量产生一定影响。2018 年第四季度，检察机关受理民事生效裁判监督案件同比明显上升。又如，监督行政执法机关移送案件线索一直是检察机关的职能，但新修订的刑事诉讼法和人民检察院组织法没有将检察机关在"两法衔接"中的监督职能予以吸收，地方检察机关对相关要求把握不清，这类数据大幅下降。2020 年 8 月 7 日，国务院对《行政执法机关移送涉嫌犯罪案件的规定》进行了修订，保留了行政执法机关移送涉嫌犯罪案件，应当接受人民检察院和监察机关依法监督的规定。之后相关数据明显上升，2021 年 1 月至 9 月检察机关建议行政执法机关移送涉嫌犯罪案件数量同比上升 18%。

第八篇

检察业务数据管理的理论与实践探析[*]

当今世界，数据被视为科学的度量、知识的来源，没有数据，无论是学术研究，还是政策制定，都寸步难行。[①] 2019 年，党的十九届四中全会将数据确定为与劳动、资本、土地、知识、技术、管理并列的第七大生产要素。2021 年 6 月 10 日，《中华人民共和国数据安全法》经十三届全国人大常委会第二十九次会议通过，并于 2021 年 9 月 1 日正式施行。这说明数据的价值愈加凸显，已提升到国家战略层面予以考量和保护。检察业务数据作为我国数据海洋中的一个细微分支，不仅反映着检察机关的办案数量质量、效率效果，更反映着我国社会的治安状况甚至整个社会的运行态势，其价值和作用毋庸置疑。如何管理使用好这些数据可谓迫在眉睫。本文试着从理论和实践的角度谈一谈检察业务数据管理的有关问题。

---

* 原载于《中国检察官》2021 年第 17 期。

① 徐子沛：《大数据》，广西师范大学出版社 2015 年版，第 61 页。

一、检察业务数据管理的历史变革

谈检察业务数据管理就离不开检察业务数据统计这个话题。统计在我国自古有之，最早可追溯到上古时期的结绳记事，实际上就是一种统计。《周易·系辞下》曾有记述："上古结绳而治，后世圣人易之以书契。"即根据事件的性质、规模或所涉数量的不同，系出不同的绳结。这表明当时已用"结绳"法来表现社会现象的数量，并产生了简单的分组。这可视为我国古代统计思想的萌芽，当然那个时候还不是用数字来记录统计结果。但是从这里也可以看出统计本身就是一种社会管理方式，只是对统计自身的管理尤其是统计数据管理就是后来甚至当代的事情了，远远晚于统计以及相关统计数据产生的阶段。检察机关对检察业务数据的管理随着数据统计方式的发展而发展，是一个逐步深入的过程，大致可以分为三个阶段：

（一）检察业务数据手工统计阶段 [①]

时间为 2003 年之前，这一阶段为手工统计阶段，对检察业务数据的管理主要是形式上的管理。以 1985 年为界又可以分为两个小阶段。1985 年以前，属于手工分散统计阶段。这个阶段，各级院均由各业务部门单独统计，按条线报送，最高人民检察院各业务部门自行对下统计汇总。统计数据的形式没有规范要求，有的采取登记本式，有的采取卡片式，随意性比较大，相关数据很难去核查，报送的时间也很难保障。

1985 年至 2003 年，属于手工集中统计阶段。这个阶段有三个明显特

---

① 王拥政：《检察业务统计实务》，中国检察出版社 2019 年版，第 7 页。

征。一是逐渐实行由专门的统计部门或者人员进行统计。1985年10月，最高人民检察院召开第一次全国检察统计工作座谈会，研究统计集中管理问题。座谈会前后，各省级院纷纷设立了统计科，有的在办公室，有的在研究室。1988年8月，最高人民检察院在办公厅正式设立统计处，负责业务数据统计管理工作。二是进入案卡时代。1992年，最高人民检察院正式印发第一套案卡，统计人员依据案卡填报数据报表，案卡是数据源头。案卡的作用在于有据可查，内容丰富，并为计算机化提供基础。目前检察业务应用系统的数据生成，仍然采用的是这一模式。三是开始推广使用计算机。单机录入案卡信息，数据与案卡相对应，各地向最高人民检察院报送磁盘，最高人民检察院汇总生成全国统计数据。

（二）检察业务数据计算机输入统计阶段

时间为2003年至2016年，这一阶段实现了计算机统计，对检察业务数据的管理由形式管理向实体管理过渡。2003年，随着检察工作的深入开展和计算机应用的进一步普及，最高人民检察院在全国检察机关推行检察机关案件管理系统，简称为AJ2003系统，实行以统计案卡信息填录为基础的数据收集、汇总、上报调查机制，即进入机器统计阶段。这个阶段的主要特征：一是实现了由纸面填报到计算机录入的转变；二是实现计算机上案卡生成数据报表；三是实现了远程点对点报送，尽管这个时期还是单机部署，但是AJ2003系统是检察信息化的里程碑，检察机关业务信息化建设，可以说是从统计开始的。

2012年，在AJ2003系统基础上，最高人民检察院组织力量重新研发了新的统计系统，简称 AJ2013 系统，并于 2013 年 1 月开始全面运行。2013 至 2016 年底，进入 AJ2013 系统阶段，初步实现了统计与管理相结合。AJ2013 系统也是探索统计系统与检察业务应用系统（2013 年全国上线运行，实现了网上办案）相衔接的过渡系统。检察业务应用系统设想是融案件办理、管理、统计于一体，但是起初是没有实现统计功能。2014 年开始，由 4 个省探索统计衔接问题，2016 年打通了统计系统与业务应用系统的衔接问题。

（三）检察业务数据自动生成阶段

时间为 2017 年至今，检察业务数据进入自动生成阶段，这一阶段基本实现了对检察业务数据的实体管理，并逐步向数据治理方向发展。2017 年，全国检察机关检察业务应用系统统计子系统上线运行，检察业务数据采集、生成和呈现方式发生根本变化。过去的 AJ2003、AJ2013 统计系统中，检察业务数据的生成与检察办案过程相互分离。统计子系统全面上线运行后，真正实现了办案、管理、统计于一体的设想，办案人员网上办案的过程，就是案件信息填录的过程，同时也是信息采集和检察业务数据（统计数据）生成的过程。业务数据由系统在办案和监督管理中采集的信息自动实时生成，每天汇总到最高人民检察院，由信息化系统实时呈现。这一重大变革带来的积极效果是：一是统计周期从月集中报送到可以按日统计的转变；二是从专人负责统计填录到全员填录的转变；三是报表数量海量增加，统计报表从原来的 63 张发展到现在的 200 多张，真正形成了检察业务大数据；四是数据可以溯源，通过数据反查系统，能够查看案卡项目填录的准确与否，实现了对数据质量的实质审查。

海量数据产生之后，为广泛、深入的数据应用提供了条件。最高人民检察院新一届党组高度重视检察业务数据应用工作，2018 年 6 月，审议通过《最高人民检察院检察业务数据分析研判会商工作办法》，并于 2020 年 6 月对该办法作出修订，对业务数据会商工作作出规范，全国检察机关逐步形成了集业务数据提醒、业务数据分析、业务数据会商、会商意见部署与反馈、业务数据发布与解读等五位一体的业务数据分析研判会商机制。检察业务数据的价值和作用更加凸显，数据质量随之变得更为重要。最高人民检察院领导在 2018 年 7 月 13 日主持召开的第一次业务数据分析研判会商会议上就专门强调，分析研判报告要做到数字准、情况明、责任清，才能做到督导工作决心大。正是在这样的背景下，2020 年底《检察业务数据管理办法》（以下简称《管理办法》）应运而生。目的就是进一步加强人民检察院检察业务数据管理，保证检察业务数据真实、准确、及时、安全，更好保障检察机关履职办案、科学决策与业务指导。

二、检察业务数据管理中的基本问题

《数据治理之论》一书中提到，数据管理是指为了实现或者放大数据资源价值而进行的规划、组织、配置、监督、控制、协调和保管料理的行为或过程；数据管理的功能就是放大数据资源价值实现的功能效用[①]。结合这一论述和《管理办法》6 章 32 条具体内容，这里可以明确检察业务数据管

---

① 梅宏主编：《数据治理之论》，中国人民大学出版社 2020 年版，第 166 页。

理的几个核心问题。

（一）管理的对象涵盖各类检察业务数据

管理对象要解决管理什么的问题。不言而喻，检察业务数据管理的对象就是检察业务数据，所以谈检察业务数据管理首先要明确什么是检察业务数据。但是《管理办法》并没有给出一个明确的定义，这主要是因为《管理办法》出台时各界对于"数据"定义尚无定论，为避免在尚无最终定论的领域过多争论，就没有对检察业务数据下一个明确的定义，而是采取直接规定检察业务数据范围的方式回避了这个问题。现在，我们不妨可以套用一下数据安全法中的数据概念，检察业务数据应该是指任何以电子或者其他方式对检察业务信息的记录。更具体一点也就是《管理办法》第2条规定的包括检察业务统计数据以及可产生该数据的相关案件信息，还有基于大数据理念和方法对统一业务应用系统以及检察机关其他相关信息化系统、平台的信息、数据等进行采集、加工后形成的检察业务数据。

（二）管理的直接目的是提升数据质量、确保数据安全

直接目的就是管理要达到的最表面、最浅层的目的。《管理办法》开宗明义第1条就是保证检察业务数据真实、准确、安全，通篇以数据为对象，在确保数据安全的前提下，理顺各方参与者在数据采集、加工、使用、提供、公开等活动中的权责关系，从数据的完整性、一致性、正确性、安全性等多个维度提升数据质量，确保数据安全。

（三）管理的根本目的是实现数据价值转化

根本目的是隐藏在直接目的后的更深层次目的，是最终目标。所有直

接目的都是为了达到最终目的。数据质量是直接目的，是基础保证。检察业务数据管理的最终目标是通过系统化、规范化、标准化管理，促进对数据的深度挖掘和有效利用，从而将隐藏在数据背后的价值释放出来，实现用数据说话、用数据决策、用数据管理、用数据创新的最终目的。所以《管理办法》确立了优质高效、智能便捷、有序共享的原则，以及更好保障检察机关履职办案、科学决策与业务指导的目标。

（四）管理的首要原则为集中统一原则

原则是指管理所遵循的准则或规范。《管理办法》第 3 条专门明确了检察业务数据管理应当坚持集中统一、分级负责、安全保密、优质高效、智能便捷、有序共享的原则。其中集中统一为首要管理原则，也是最为重要的管理原则。所谓集中统一的原则就是指对于检察业务数据的采集、加工、使用、提供、公开等活动由一个部门集中管理，统一系统采集、统一汇总计算、统一标准使用等。

其他几个原则，即：分级负责原则是指最高人民检察院和地方各级人民检察院分别负责对全国和当地检察业务数据活动的集中管理；安全保密原则是指在数据管理活动中通过权限管理、数据加密等手段，使数据得到有效保护和合法利用，并使其持续处于安全状态，对于涉密数据，应严格遵守保密规定，确保数据安全；优质高效原则是指数据管理要做到科学统一、真实准确、及时高效；智能便捷原则是指采取方便的手段和途径获取数据；有序共享原则是指在符合保密规定的前提下，在不同部门之间及时、完整地共享数据，提升数据效能。

（五）管理的主体为案件管理部门，其他部门各司其职

管理主体是来解决一个单位谁来具体行使管理职能的问题。数据管理往往强调单一主体，以保障本单位数据有序、高效管理和运转，防止出现"九龙治水"的现象。《管理办法》将集中统一管理作为首要原则也是这个目的，并且在第 4 条中明确了各级人民检察院案件管理部门是检察业务数据的主管部门。

检察业务数据管理的主体是案件管理部门，并不是说其他部门就不负有管理责任。《管理办法》中除了规定案管部门作为主管部门之外，同时还明确了相关部门的职责，业务部门负责对数据质量的管理，明确提出检察官助理、书记员对录入的信息依据本人职责承担相应责任，检察官承担指导、审核责任和最终责任；保密部门负责对检察业务数据的保密管理和监督检查；技术信息部门负责组织检察业务数据需求的技术落实，并及时进行系统配置，对相关信息化系统进行运行维护等。

三、检察业务数据管理方面存在的主要问题

《管理办法》出台为业务数据管理提供了制度依据，但由于数据资源爆发式增长，检察人员思想准备不足，再加上检察业务数据采集主体的分散性、使用主体的多样性，在具体管理过程中还是存在不少问题，主要集中在以下几个方面。

（一）思想上缺乏数据观念、数据意识，对数据管理不够重视

尽管我们国家已将数据列为生产要素之一。但是很多同志包括一些领

导同志，人进入了数据化时代，思想意识还停留在数据之外。从近几年开展的数据质量检查来看，很多地方根本不重视业务数据管理，甚至有的院领导认为数据质量管理就是案管部门或者技术人员的工作，与己无关，造成数据管理往往流于形式，对最高人民检察院下发的数据督查方案不作具体布置，对数据质量检查工作敷衍了事，蜻蜓点水，雨过地皮湿。随之而来对填录错误的追责上也失之于软，失之于宽，未能引起承办人的重视。

（二）实践中数据源头责任压得不实，数据失真、迟滞现象频频发生

数据质量是统计工作的生命线，[①] 也就是数据管理的生命线。真实准确、及时完整地提供检察业务数据是数据管理部门的永恒主题，也是检察机关数据管理者的终身命题。由于数据的生产端在一线检察官办案中同步填录的案卡项目；而数据使用端往往在上级检察院。这种生产者与使用者相分离的状态，造成数据生产者填录案卡信息的积极性不高，责任心不强，导致数据失真、失实的现象依然存在。有的在办案系统中瞒报、虚报有关案件，生成虚假数据信息；有的乱填案卡信息，造成数据与实际不符；有的案件已经办结，相关部门也反馈了相关后续办理信息，承办人却迟迟不填录相关案卡信息，造成相关数据不能实时生成，影响趋势判断。这是当前检察业务数据管理中的难点问题。

---

① 《领导干部统计知识问答》编写组：《领导干部统计知识问答》，中国统计出版社2021年版，第42页。

（三）管理上集中统一原则尚未落实，造成数出多门，数据矛盾甚至数据缺失

集中统一原则是《管理办法》的首要原则，但在实际工作中还未落实到位：首先在数据采集上，绝大部分数据实现了通过检察业务应用系统集中采集，但依然存在诸如控告申诉案件通过其他系统采集，个别数据通过人工采集，个别案件线下办理的做法，并未实现与检察业务应用系统的完全对接；其次在数据使用上，有的数据使用部门受限于对统计报表的熟悉程度，对一些数据指标的理解适用往往以偏概全，在对外宣传、对下指导中根据自己理解计算出来的数据也会出现与案件管理部门数据打架、矛盾的问题；最后在前段流程、案卡设计上，个别办案主体擅自决定修改办案流程以及前端案卡，由于未统筹考虑数据生成问题，直接导致原有统计数据的缺失。

四、加强检察业务数据管理的意见建议

《管理办法》在制度层面实现了数据收集与存储过程中的标准管理，数据处理过程中的质量管理，应用过程中的结构管理，使用过程中的安全管理；检察业务应用系统实现了办案、统计、管理一体化，检察业务数据管理的"四梁八柱"已基本搭建完成。加强检察业务数据管理，更重要的是从理念、认识、举措、人员上进一步改进，以适应新发展阶段检察工作高质量发展的需要。

（一）提高思想认识，在两个大局中审视加强检察业务数据管理工作的重要意义

习近平总书记指出，领导干部要胸怀两个大局，一个是中华民族伟大复兴的战略全局，一个是百年未有之大变局，这是我们谋划工作的基本出发点。[①] 这一重要论述为我们做好业务数据管理工作、找准管理定位指明了方向，提供了行动指南。当前数据已经成为重要生产要素之一，成为世界各国争先抢夺的战略资源之一，大变局大调整大发展中有许多不确定性，风险、挑战、矛盾会接踵而来，数据分析是超前捕捉并敏锐发现大变局中矛盾隐患最有效的工具。[②] 检察机关前接公安，后对法院，可以说掌握着最综合最全面最重要的司法办案"数据库"。利用检察业务数据资源通过定量分析检测和预警，可以透视出当前社会治安、社会运行状况，社会矛盾的聚集点，提前发现排查隐藏在数据背后的重大风险隐患，为推进国家治理体系和治理能力现代化贡献检察业务数据统计力量和智慧。这也是在更高层面上发挥检察机关的法律监督职能作用。

（二）夯实数据监督职能，在检察改革中思考加强检察业务数据管理的重要作用

党的十九大以来，最高人民检察院党组以改革创新的精神深入谋划推进检察业务工作。站在更高起点上深化司法责任制改革，使检察官享有更

---

① 习近平:《习近平谈治国理政》（第三卷），外文出版社 2020 年版，第 77 页。
② 《领导干部统计知识问答》编写组:《领导干部统计知识问答》，中国统计出版社 2021 年版，第 41 页。

加充分的依法独立办案权和决定权；开展"捕诉一体"办案模式变革，使同一名检察官既负责审查逮捕又负责审查起诉；全力推动认罪认罚从宽制度，落实检察官在刑事诉讼中的主导责任。在当前司法责任之"放权"，捕诉一体之"集权"，认罪认罚之"协商"后，新的业务体系、工作模式运行得如何？办案质量怎么样？检察机关履行法律监督的效果如何？都会通过数据反映出来。这就要求数据统计项目聚焦检察改革，强化责任担当，完善已有的统计指标体系，建立健全新的统计指标体系。更重要的是发挥数据监督作用，党的十九届四中全会将统计监督作为党和国家监督体系的重要组成部分。检察机关可以充分发挥业务数据对内监督作用，通过开展数据质量核查并延伸核查触角，运用案卡信息与法律文书比对、线上文书与线下文书比对、流程文书创建留痕时间与落款时间比对、案件办理流程与时间次序比对、检察机关有关法律文书与公安、法院文书比对的"五个比对"工作法，发现问题数据以及问题案件，发挥数据监督"探照灯"作用。

（三）强化系统思维，在数据生成使用的全流程中着力解决影响数据质量的各类问题

习近平总书记深刻指出，"系统观念是具有基础性的思想和工作方法"[①]。马克思主义哲学告诉我们，认识世界和改造世界必须坚持普遍联系的观点，坚决防止用片面的、单一孤立的方法去观察和处理问题。业务数据管理也要注重系统观念，重点要把好"四关"：检察机关应引导一线办

---

① 本书编写组：《〈中共中央关于制定国民经济和社会发展第十四个五年规划和二〇三五年远景目标的建议〉辅导读本》，人民出版社 2020 年版，第 74 页。

案检察官树立填录案卡信息就是办案的理念，熟悉案卡项目，清楚案卡含义，认真填录每一项案卡信息，把好数据源头关；应建立完善的业务数据核查制度，坚持日常核查与专项检查相结合，发现填录不实的案卡信息，及时修正，把紧数据出口关；应加强业务数据分析，通过分析发现与实际不符或者异常的业务数据，及时跟踪反馈，并积极听取业务部门意见，把实数据反馈关；要将数据质量纳入检察机关业绩考核和案件质量评查工作中进行评价，问题严重的，要分清责任，严肃问责，把严数据追责关。

（四）创新方式方法，在智能化采集、审核、分析中实现数据管理的科学化

每年面对百万以上的案件，千万级的数据信息，靠人工实现全覆盖的数据管理根本不现实，必须也只能依靠智能化管理，才能实现全程、全面、全方位管理。一是实现智能化采集案件信息，检察机关应探索建立案卡自动生成文书的办案方式，即承办人只填录案卡，通过案卡生成文书，将现在通过文书生成案卡的方式调整过来，真正改变案卡与文书"两张皮"的问题；二是应建立覆盖每一个案卡填录项目的逻辑验证规则，对互斥、异常数据，增加自动拦截、提醒、预警功能，通过技术手段实现数据核查的全覆盖；三是应建立智能化数据分析系统，实现对检察业务数据的自动分析，通过横向、纵向对比，发现异常数据，并且通过自动回溯性排查，找出变化异常的原因，提醒数据管理人员进行深入检查，真正让数据管理全过程插上"科技翅膀"。

（五）提升综合素养，在政治建设中融入业务数据管理能力建设

检察工作是一项政治性很强的业务工作，也是一项业务性很强的政治工作。业务数据管理工作是一项技术性很强的业务工作，也是业务性很强的技术工作。数据管理人员需要重点提升以下三种能力：一是政策把握能力，数据管理过程中的业务指标设定、数据分析、数据发布，无不要体现党和国家工作大局，体现以人民为中心的发展思想，必须要有较强的政策把握能力；二是法律综合适用能力，对业务数据采集、加工、使用、提供、公开的每一项管理，无不与现行实体法与程序法紧密相连，数据管理人员必须具备较强的法律综合适用能力；三是业务数据治理能力，这是当前检察数据管理中最薄弱却是最重要的一种能力，数据管理人员要懂得如何生成与存储数据，实现数据的聚拢；如何清洗和优化数据，实现数据到信息的提升；如何分析和应用数据，实现信息到知识的转化；如何自动作出判断和预测，实现数据到智慧的飞跃。同时在这一过程中要能够对接内外各方，贯通上下左右，实现整个业务数据治理体系高效有序运转，这就需要很强的数据治理能力。总之，管理使用好检察业务数据，深入挖掘、释放数据价值，急需培养讲政治懂业务会技术的复合型检察业务数据管理队伍。

第九篇

案件质量评价指标体系的完善及应用 *

党的十九届五中全会上，习近平总书记强调，要着眼推动高质量发展，完善高质量发展绩效评价办法和指标体系。最高人民检察院领导专门要求，要改变以往以数量为主的考核思路，建立以办案质量、效率、效果为基本内容的业绩评价指标体系。最高人民检察院于 2020 年 1 月印发《检察机关案件质量主要评价指标》，2021 年 10 月又作了修订，建立了以"案－件比"为核心的案件质量评价指标体系，涵盖"四大检察"主要案件类型、主要办案活动、主要诉讼流程，以及立案监督、直接受理侦查案件、抗诉、检察建议、公益诉讼等所有检察监督方式。

一、案件质量主要评价指标的研制背景

案件质量主要评价指标是对检察业务考核评价的重要方式。检察业务

---

* 原载于《人民检察》2022 年第 10 期。

考评最初源于地方检察机关的试点实践，后逐步扩展到各省级检察机关。这一时期，对检察业务的考评基本上是由省级检察院对基层检察院的条线业务进行考评，具体工作也由各业务部门组织实施，呈现条线分散考评的特点。自 2009 年开始，最高人民检察院顺应检察实践需要，着手研究建立统一的检察业务考评制度，大致可以分为四个阶段：

第一阶段（2009—2010 年）：1000 分量化考评阶段。这一时期，最高人民检察院相继出台了《最高人民检察院考核评价各省、自治区、直辖市检察业务工作实施意见（试行）》《最高人民检察院考核评价各省、自治区、直辖市检察业务工作项目及计分细则（试行）》，明确了这一时期考评工作的突出特点：一是由最高人民检察院统一对各地检察业务进行考评，力图解决当时存在的考评机制不统一、考评体系不完整、考评项目不协调、考评方法不合理等突出问题；二是详细规定了一套考评各省级检察院检察业务的指标体系，包含四大类工作 47 项指标，每类工作设置最高评价分，总计 1000 分；三是考评项目多数采取人均数量的方式，用以均衡地区间案件数量的差异；四是最高人民检察院对各地区的检察业务采取综合考评模式，将各业务部门工作情况纳入整体评价。

第二阶段（2011—2013 年）：数据通报阶段。2011 年 4 月，中央政法委出台了《关于建立健全政法机关执法办案考评机制的指导意见》。同年 9 月，根据中央政法委的意见要求，最高人民检察院制定下发了《关于进一步建立健全检察机关执法办案考评机制的指导意见》，明确了这一时期考评工作的特点是，1000 分的指标体系不再实行，改为定期通报各地检察业务主要统计数据，包含五大类 79 项指标，突出检察业务工作的主要方面，关注工作力度、质量、效率、效果等内容。

第三阶段（2014—2019年）：初步改进阶段。2014年初，最高人民检察院再次出台《关于进一步改进检察业务考评工作的意见》。这一时期的主要特点是，针对当时不同程度存在的重数量轻质量、重内部评价轻社会评价、重量化排名轻分析整改等问题，进一步完善检察业务考评内容，主要包括检察业务核心数据、案件质量评查情况、落实上级检察院重要业务工作部署情况、社会评价情况等。其中，79项检察业务主要统计数据精简为26项检察业务核心数据，主要通过相关办案活动的数量来反映办案的力度、质量、效果。此外，对不宜量化的考评内容通过案件质量评查等方式进行定性分析，形成定量评价与定性评价相结合的考评方式；引入外部评价机制，形成内部评价与外部评价相结合的评价体系。

第四阶段（2020年至今）：新发展阶段。随着检察机关系统性、重塑性内设机构改革的深入发展，"四大检察"新的法律监督格局已经形成，原有业务评价体系已经不能适应新时期检察工作需要，最高人民检察院第一次专门针对案件质量研制评价指标，以促进和引导全国检察机关提高办案质量，生产出优质的检察产品。经最高人民检察院检察委员会审议通过，最高人民检察院于2020年1月印发《检察机关案件质量主要评价指标》，建立了以"案－件比"为核心的案件质量评价指标体系，明确了坚持质效为重，坚决改变以数量为王的考评思路，确立了强化质量第一、效率效果并重的案件质量评价导向。

二、案件质量主要评价指标的修改完善

马克思主义发展观告诉我们，要用发展的眼光，动态地认识问题、处理问题。最高人民检察院领导专门强调，要科学、动态构建考核指标体系，转变重数量、轻效果这种"简单粗暴"的考核理念，突出对办案质量和"三个效果"的评价。作为评价办案质效的检察机关案件质量评价指标体系适用以来，在引导各地注重办案质量、提升办案效果方面发挥了重要的"指挥棒"作用，促进了检察管理新格局的构建，收到了应有的效果。但各地在实践中也反映了一些问题，如，有的提出指标数量较多，降低了使用的便利性；有的提出部分指标项设计不尽科学合理，需要进一步修改或完善；还有的提出实践中出现部分地方盲目追求数据排名、唯指标办案的现象。2021 年 10 月，最高人民检察院按照科学、动态的理念，对《检察机关案件质量主要评价指标》进行了修订，修订后评价指标从 87 项减少为 60 项，从具体内容上看，突出了以下特点：

第一，深化"案－件比"评价指标的内涵和外延，实现"四大检察"全覆盖。一是优化了刑事检察"案－件比"中"件"的范围，精准体现刑事检察办案的"三个效果"。去掉了"被告人上诉"，并且对于办案中促成和解、追赃挽损、企业合规等不捕不诉的复议复核和退回补充侦查、延长审查起诉期限以及存疑不诉退回补充侦查等产生的"件"，引导地方检察机关在检察官业绩考核时要区别评价。二是坚决减少人民群众的"讼累"，挤压办案中的"空耗"空间，修改了民事检察"案－件比"、行政检察"案－件比"中"件"的取值。在"件"的选取上增加了本院和上级检察院受理

的重复申诉案件数、以"其他可以中止审查的情形"决定中止审查的案件数。三是新增公益诉讼检察"案 – 件比"和控告申诉检察"案 – 件比",实现"四大检察"业务全覆盖。

第二,突出精简实用,合并删减了具有相同评价内容、相同引导作用的指标。仅在刑事检察方面就删减了16项指标,如,删减了引导侦查取证率、不捕复议/复核率、经过审查逮捕环节的案件一次退回补充侦查率等8项与刑事检察"案 – 件比"具有同向引导作用的指标;删减了刑事案件上诉改判率等3项与其他指标具有相同评价内容的指标;将撤回起诉率、无罪判决率合并为撤回起诉和无罪判决率。

第三,坚持质量导向,删减了部分体现办案数量、规模的指标,增加了部分重点工作质量指标。刑事检察中,删除了非直接评价案件质量的自行补充侦查率。刑事执行检察中,删除了不能客观反映工作质效的强制医疗执行书面检察建议、纠正违法等监督意见采纳率。民事检察中,删除了主要侧重评价办案效率而非质量的民事裁判监督案件审结率、民事裁判监督案件三个月内审结案件率,增加了民事裁判案件监督率,反映检察官对法院裁判结果提出监督意见的能力和主动性。行政检察中,增加了行政审判违法监督检察建议采纳率,以凸显对行政审判中审判人员违法行为监督的质量评价。未成年人检察中,删减了不直接评价办案质量的社会力量参与率、帮教率,等等。

第四,贯彻精准性原则,修改部分指标的含义和取值。行政检察中,将行政提请抗诉案件采纳率修改为行政裁判案件监督率;将行政案件提出监督意见采纳率修改为行政裁判案件提出监督意见采纳率;将行政案件化解行政争议率修改为行政裁判案件化解行政争议率。公益诉讼检察中，将计算对到期未整改的案件提起诉讼案件率中的分母修改为行政公益起诉数与到期未整改的案件数之和，更能真实反映对未整改案件提起行政公益诉讼的情况；将提起公益诉讼后法院支持率中的分子由原来的获法院裁判支持数，修改为获法院裁判支持数和诉讼请求全部实现后的调解数、撤诉数。

第五，突出可操作性，删除部分职能互涉、统计系统目前无法取值的指标。考虑到刑事案件侦查终结前讯问合法性核查涉及刑事执行检察部门和捕诉部门，且刑事执行检察部门职责为初步调查核实，是否排除非法证据取决于捕诉部门是否提出排除非法证据的意见，不宜直接用一个指标评价，删除重大案件侦查终结前讯问合法性核查案件排除非法证据率。考虑到有些指标无法从全国检察业务应用系统中直接取值，删除刑事再审检察建议采纳率、驻监所检察工作重大失察率。

三、案件质量主要评价指标的科学运用

在毛泽东思想标志性成果《矛盾论》中，对形而上学宇宙观和唯物辩证宇宙观的经典描述，[①]告诉我们要用联系的、发展的、整体的观点看问题。具体到对案件质量主要评价指标的运用，应坚持联系的、发展的、整体的观点，而不是以孤立的、静止的、片面的观点去评价办案、指导工作。

---

① 毛泽东：《矛盾论》，载中共中央党校教务部编：《毛泽东著作选编》，中共中央党校出版社 2002 年版，第 85—87 页。

（一）用联系的观点处理好核心指标与其他指标之间的关系

"案－件比"作为核心指标，意在加强内部监督管理，引导检察官提高工作要求。从实践情况看，"案－件比"在发挥提高检察机关整体办案质量和效率等正向引导作用的同时，也出现了负面影响，如，有的地方为了"案－件比"数据排名，不顾实际情况、不管案件类别差异，搞"一刀切"，或者做一些强制性限制，这是错误的。要正确认识"案－件比"指标与其他指标之间的关系。首先，"案－件比"不是一个孤立指标，需要与其他指标管理效果综合平衡。如，评价刑事案件质效，需要同步考虑认罪认罚从宽制度适用率、捕后不诉和无罪判决率、撤回起诉和无罪判决率等，不能单纯为了"案－件比"而淡化其他指标。其次，"案－件比"运用中要注重宏观价值与微观评价的有机结合，防止简单、机械化套用。一般情况下，刑事检察"案－件比"作为一个宏观指标，总体上体现一个地区审查逮捕、审查起诉的办案质效，是一个趋势判断。但对于微观评价的个案中诸如促成和解、追赃挽损、企业合规等不捕不诉的复议复核和退回补充侦查、延长审查起诉期限以及存疑不诉退回补充侦查等产生的"件"，该扣除的应当扣除，在检察官业绩考核时要区别对待。

（二）用整体的观点发挥各项指标的组合评价功能

案件质量评价指标体系是一个整体，"案－件比"不是孤立的，其他指标也不是孤立的，有的指标之间相互影响，要么共同增长，要么此消彼长，共同反映办案质量、效率和效果，这就要注重相关指标的组合运用、组合评价。如，评价逮捕工作质效，将不捕率，不捕复议/复核改变率，捕后不诉率和无罪判决率，捕后判轻缓刑、免予刑事处罚率组合起来对逮捕质量（包括法定情形不捕、无逮捕必要性不捕）进行全面分析评价。

（三）用动态的观点灵活适用评价指标

一是分层分类运用评价指标。指标运用的主体可以是各级检察院、各业务条线、各业务部门和各检察官办案组，也可以是检察官。各类主体可以各有侧重地运用好指标，各省、各业务条线可以结合本地实际、案件类型等对指标进一步细化。如，对不捕率，可进一步区分不捕情形、分罪名进行分析，以更精准确定本地、本业务条线的不捕率合理区间；对不诉率，可根据不起诉情形分类细化指导。市级检察院、基层检察院位处指标运用的前沿，需要准确掌握每一项指标的内涵，注意指标间的内在关联，针对指标数据所反映的本院短板业务，分析原因，明确改进业务的措施。二是合理运用指标评价结果。可以借助检察业务数据分析研判会商机制，加强对评价指标所反映的司法办案总体趋势、问题、原因或者值得关注的特点、规律、影响等的分析研判；关注指标反映的地区、条线、类案、检察官等不同维度的办案质量异常情况，提升对案件管理和业务指导的及时性、针对性和有效性。

（四）用实事求是的观点发挥好通报值的调节功能

目前的案件质量评价指标体系中对部分指标设定了通报值（或者叫参考值），这是坚持实事求是，科学运用指标而提出的一种新举措。所谓通报值，就是当指标数据达到某个数值之后，就不再通报具体数字，只标明这项指标值高于或者低于设定的通报值。研制案件质量评价指标原本是为了科学评价办案质量，鼓励先进，鞭策后进。但实践中有的地方不顾办案实际，盲目追求数据排名，影响正常办案。为防止这种盲目攀比、一味追求数字无限高或者无限低的做法，最高人民检察院党组提出案件质量评价指标可设定一定的通报值，从"做起来"到"做好做优"转变。目前对 13 项指标设定了通报值，如，经过科学测算，设定了全国各地检察机关刑事检察"案－件比"的通报值为 1∶133，在此之下的就不再通报，以防止一味追求数字高低，造成办案质量下滑。当然，这些通报值设定为多少合适，是否需要调整，是重要的实践课题，需要靠实践检验，并根据形势政策的变化而调整。

（五）用协调的观点理解案件质量评价与检察人员考核之间的关系

实践中，一些地方对案件质量评价指标与检察人员考核指标认识不清晰，甚至混同使用。实际上，对案件质量的评价与对检察人员的考核是两种活动，二者既有区别，又相互联系。一方面，案件质量评价与检察人员考核存在不同。首先，案件质量评价与检察人员考核的对象不同，分属不同的体系。前者是对业务工作的评价，评的是一个地区、一个检察院、一个部门所办理案件的质量及效果；后者是对人的评价，评的是检察人员个体的工作数量、质量、效率、效果等，不仅仅是质量。其次，案件质量评价和检察人员考核的范围不同。前者的评价范围限于所办理的案件，后者的考核范围除检察人员办案工作外，还包括办案之外的德、能、勤、廉等各方面，如起草领导讲话和调研报告、编纂案例、进行理论研究、遵法守纪等各方面。最后，案件质量评价属于业务管理，检察人员考核属于人事管理，二者由不同的主体负责。

另一方面，案件质量评价与检察人员考核存在密切联系。首先，二者具有共同的目标，都是通过评价、考核等活动，促进检察工作质量的提升，激励先进，鞭策落后，在客观效果上具有内在的一致性。其次，案件质量的高低根本上取决于检察人员，因此对案件质量的评价必然会影响对检察人员的考核。实践中，案件质量评价指标中的许多要求，都通过检察人员考核指标得到了落实，后者是对前者的具体运用。最后，案件质量评价的对象虽然是地区、检察院、部门等集体，但案件质量的高低总体上也反映和体现了检察人员个体的工作情况，只有个体工作好，单位整体的案件质量才会好；单位整体的案件质量不好，其中的检察人员个体就很难出类拔萃、脱颖而出。因此，既不能将二者混为一谈，也不能将二者割裂，完全分开。检察机关应在把握二者一致性的基础上，科学合理有效发挥二者的不同功能，协调适用，使两套指标综合发挥抓落实、补短板、强弱项的"指挥棒"作用，互为补充，相辅相成，共同引领新时代检察工作高质量发展。

第十篇

《检察机关案件质量主要评价指标》的理解与适用 *

2023 年 3 月 24 日，最高人民检察院第十四届检察委员会第一次会议审议通过了《检察机关案件质量主要评价指标》（以下简称《评价指标》），并于 2023 年 3 月 30 日印发实施。为便于理解和适用，现对修订的背景、原则和主要内容等进行解读。

一、修订的背景和重要意义

习近平总书记反复强调，"要努力让人民群众在每一个司法案件中感受到公平正义"。应勇检察长指出，正确理解和落实习近平总书记这一重要指示要求，必须做到：实体上，要切实维护执法司法公平正义；程序上，要让公平正义更好更快实现；效果上，要让人民群众真正可感受、能感受、

---

* 原载于《人民检察》2023 年第 11 期。

感受到公平正义。[①]

最高人民检察院高度重视建立完善检察业务评价指标体系，从 1000 分量化考评细则、通报主要统计数据，到通报 26 项检察业务核心数据，不断探索对办案工作的评价管理和有针对性的指导推动。2020 年 1 月，最高人民检察院印发《评价指标》，建立以"案－件比"为核心的案件质量评价指标体系。2021 年 10 月进行第一次修订。《评价指标》实行以来，各级检察机关层层传导压力，逐级压实责任、抓好实施。评价指标体系司法质效"晴雨表"、公正司法"助推器"的积极作用逐步显现，司法检察理念持续更新、深化，检察监督办案质效整体向好，但实践中也存在少数指标设置不精准、部分指标运用中"走样"、业务发展需要新的评价指标等问题。

为深入学习贯彻党的二十大精神，全面贯彻习近平法治思想，进一步健全完善适应党和人民群众更高要求、符合司法检察工作规律的案件质量评价指标体系，最高人民检察院再次启动《评价指标》的修改工作。最高人民检察院党组高度重视，应勇检察长多次听取汇报作出指示要求。案管办会同各业务厅共同研究，开通内网意见箱、进行实地调研，反复多轮征求意见，修订完善，《评价指标》最终经最高人民检察院检委会审议通过。

二、指标修改的原则和主要特点

应勇检察长明确指出，要坚持系统观念，从体系的角度看待案件质量

[①] 巩宸宇、邓铁军：《不断完善案件质量评价指标体系　努力提升以检察工作现代化服务中国式现代化质效》，载《检察日报》2023 年 2 月 17 日，第 1 版。

评价指标。注重单个指标设计的同时，体系化地思考和构建，体现指标内在联系、体现内在工作规律、体现"四大检察"职能。这次修改紧紧围绕实现检察工作高质量发展主题，通过建立系统科学的指标体系，全面引领"四大检察"高质量发展。

（一）指标修改的基本原则

一是体现全面评价。一定的量也是质，质量要在一定的数量中体现。这次修改在更加重视质量的同时，更好统筹"有数量的质量"和"有质量的数量"，增加一些力度指标，如增加"减刑、假释、暂予监外执行书面提出监督意见率"；修改一些指标的含义，如将"监督立案率"分母调整为"同期审查起诉案件受理数"，对数量、质量、效率、效果进行全面评价。

二是强调整体评价。评价指标是对一个检察机关、一级检察院整体业务的评价，不是对某一部门的评价，也不是对某一部门的某一项业务工作的评价。评价指标的修改基于法律监督基本职能，突出对检察院整体业务、重点工作的评价。

三是注重组合评价。指标之间要注重协调性、关联性、整体性，从单一指标向关联、协同指标发展。这次修改，强化指标之间的相互关联和制衡。力度指标与质量指标组合评价，如"刑事抗诉率"与"刑事抗诉采纳率"组合，体现"有数量的质量和有质量的数量"；将有关联的不同指标组合使用，如"撤回起诉率"和"无罪判决率"组合，避免为降低无罪判决率，将法院拟判无罪案件作撤回起诉处理。

四是注重实绩评价。明确业绩导向，引领检察人员通过高质效办案取得实实在在的工作成效。如删除社会调查适用率指标等。

（二）指标修改的主要特点

一是突出中国特色检察制度特点。指标修改中，既兼顾司法制度的普遍性，又重点体现中国特色检察制度。如，保留"诉前羁押率"概念，而未使用"审前羁押率"；为积极推动刑事和解、认罪认罚等工作开展，删除"捕后不诉率""捕后判轻缓刑、免予刑事处罚率""判处免予刑事处罚率"等指标，从指标导向上契合检察改革、司法改革要求。

二是突出检察机关诉讼监督职能。党的二十大报告提出，强化对司法活动的制约监督，加强检察机关法律监督工作。应勇检察长也特别指出，诉讼监督只能加强不能削弱。本次修改坚持以监督办案的基本价值追求为导向。如，为了进一步发挥侦查监督与协作作用，强化法律监督，将侦查活动监督通知书纳入"侦查活动违法监督率"的统计范围等。

三是突出检察业务主责主业。聚焦检察职能主责主业，对一些指标进行系统修改，增加一些与特色亮点工作相关的指标。如，未成年人检察和知识产权检察业务增加"综合履职适用率"指标等。

四是突出精简实用。删减了一些不能客观反映工作质效、容易有"水分"、不易核查的指标，进一步细化部分指标含义和计算方法。如，"司法救助率"指标分母中去除无被害人案件等。

三、指标修改的主要内容和重点

修订后的《评价指标》从 60 项精简为 46 项，涵盖"四大检察"主要案件类型、主要办案活动、主要诉讼流程，以及立案监督、直接受理侦查案件、抗诉、纠正意见、检察建议、公益诉讼等所有检察监督方式。

（一）核心指标

核心指标"案－件比"未作修改，此次修改明确其为综合指标，全面反映办案质量、效率和效果。具体运用中，达到通报值后，地方各级检察机关不得再通报具体数值或排名，减轻办案压力；检察官要破除"退""延"思想负担，切实从保证案件质量出发，该"退"的要"退"，该"延"的要"延"。

（二）通用指标

通用指标新增1项、修改3项、删除3项，修改后共4项：刑事申诉纠正率、社会治理检察建议采纳率、内部移送法律监督线索成案率、司法救助率。

一是为了落实监督办案一体化要求，规范需要其他检察院或本院其他部门开展法律监督的线索移送问题，新增"内部移送法律监督线索成案率"。

二是修改指标名称和含义。将"被刑事申诉纠正率"修改为"刑事申诉纠正率"，指标含义不变，是对原案办理质量的评价，更突出体现对一级检察院业务的整体评价；将"社会治理及其他检察建议采纳率"修改为"社会治理检察建议采纳率"，更突出对社会治理类检察建议的评价，反映检察机关参与社会综合治理等领域工作的主动性和质效；优化"司法救助率"计算公式，分母限定为"有被害人刑事案件数"，更加精准反映各地司法救助实情。

三是删除"刑事申诉案件息诉率""刑事赔偿率""移送涉嫌犯罪线索

立案率"。防止因是否"息诉"不易把握导致数据失真；因"刑事赔偿率"属于负向评价指标，造成该启动刑事赔偿的而不启动；因移送涉嫌犯罪线索后相关部门是否立案不易核对，系统填录数据易失真等问题发生。

（三）审查逮捕业务指标

删除 2 项指标，修改后保留"不捕率""不捕复议 / 复核改变率" 2 项指标，并进一步强调"不捕率"是中性指标，作为"不捕复议 / 复核改变率"的参照指标，用于综合评价不批准逮捕案件的质量。

删除的 2 项指标为"捕后不诉率"和"捕后判轻缓刑、免予刑事处罚率"。理由是"捕"和"诉"不同诉讼阶段的证据标准存在差异，捕后不诉或者判轻缓刑、免予刑事处罚可能由于和解、赔偿、认罪认罚等因素，不能就此评价审查逮捕质量。

（四）审查起诉业务指标

修改后审查起诉业务指标共 7 项：不诉率、不诉复议 / 复核改变率、认罪认罚适用率、确定刑量刑建议采纳占比率、诉前羁押率、撤回起诉率、无罪判决率。

一是拆分合并指标。将"确定刑量刑建议提出率""确定刑量刑建议采纳率"合并为"确定刑量刑建议采纳占比率"，既精简了指标，也更加明确了评价导向，同时设置通报值为 85%；将"撤回起诉和无罪判决率"拆分为"撤回起诉率"和"无罪判决率"，更利于客观掌握不同指标情况，特别是无罪判决情况，突出评价重点。

二是增设"诉前羁押率"指标通报值为 35%。2021 和 2022 年诉前羁押率呈现大幅下降趋势，可能会导致应该羁押的没有羁押，造成犯罪嫌疑人不在案影响诉讼进行，或者再次犯罪影响社会治安。为防止从一种倾向走向另一种倾向，将诉前羁押率限定在一定的合理区间内，设置了35%的通报值。

三是删除3项指标。判处免刑是对被告人的有罪判决，且大部分案件是由于和解、赔偿、认罪认罚等因素，因此，删除"判处免予刑事处罚率"；"促成当事人双方和解率"和"开展追赃挽损工作率"两项指标的数据不易核查，不能完全客观反映各地工作情况，亦予删除。

（五）刑事诉讼监督业务指标

删除1项，修改后指标共10项：监督立案率，监督立案判处有期徒刑以上刑罚率，监督撤案率，侦查活动违法监督率，书面纠正侦查活动违法采纳率，纠正漏捕、漏诉率，纠正漏捕、漏诉判处有期徒刑以上刑罚率，刑事抗诉率，刑事抗诉采纳率，刑事审判活动违法监督采纳率。

一是修改指标含义。将"监督立案率"指标计算分母调整为"同期审查起诉案件受理数"，引导多监督、有质量的监督；将侦查活动监督通知书纳入"侦查活动违法监督率"和"书面纠正侦查活动违法采纳率"指标的统计范围。

二是考虑到撤回抗诉案件体量小，指标实践意义不大，删除"刑事撤回抗诉率"。同时，将撤回抗诉数从"刑事抗诉率"的分子中去除，防止删除指标造成撤回抗诉数量激增。

（六）刑事执行检察业务指标

刑事执行检察业务指标进行系统整合，将原"监狱、看守所监管活动书面监督意见采纳率""监外执行书面监督意见采纳率""财产刑执行书面监督意见采纳率""事故检察书面监督意见采纳率"4 项指标合并到新增的"刑罚执行和监管活动严重违法行为书面监督意见采纳率",保留"减刑、假释、暂予监外执行书面监督意见采纳率",同时增加"刑罚执行和监管活动严重违法行为书面提出监督意见率""减刑、假释、暂予监外执行书面提出监督意见率",分别进行组合,评价检察机关对减刑、假释、暂予监外执行不当,和对监狱、看守所和社区矫正等日常监管活动的监督力度和质量。同时,为防止"扔一个烟头发一个书面意见"等凑数情况的发生,增加 20 种"严重违法行为"的限定范围。

（七）直接受理侦查案件业务指标

增设"立案直接受理侦查案件有罪判决率"1 项指标。通过设置直接受理的侦查案件法院判处有罪人数占同期直接受理侦查案件立案人数的比率,一方面,规制侦查部门立案后又撤销案件的情况;另一方面,科学反映和评价侦查案件的办理质量。同时,删除原"撤销案件率""直接受理的侦查案件不起诉率"和"直接受理的侦查案件有罪判决率"3 项指标。

（八）民事检察业务指标

删除 1 项反映内部监管的指标"民事提请抗诉案件采纳率",保留其他 5 项指标:民事裁判案件监督率、民事抗诉改变率、民事再审检察建议法院采纳率、民事审判违法监督检察建议采纳率、民事执行监督检察建议采纳率。

为科学引导民事检察工作良性发展,根据实践运行情况对民事检察业务指标通报值予以调整。将"民事审判违法监督检察建议采纳率"和"民事执行监督检察建议采纳率"通报值均由 90% 调整为 80%；对"民事裁判案件监督率""民事抗诉改变率""民事再审检察建议法院采纳率"分别增设通报值 10%、75% 和 70%。

（九）行政检察业务指标

为加强对行政诉讼活动的监督，平衡民事检察和行政检察指标设置，保持基本统一，将"行政裁判案件提出监督意见采纳率"拆分为"行政抗诉改变率""行政再审检察建议法院采纳率"。保留原"行政裁判案件监督率""行政审判违法监督检察建议采纳率""行政执行（含非诉执行）监督检察建议采纳率""行政裁判案件化解行政争议率"4 项指标。同时，增设"行政审判违法监督检察建议采纳率"和"行政执行（含非诉执行）监督检察建议采纳率"通报值为 80%。

（十）公益诉讼业务指标

这次修改未调整公益诉讼业务指标。公益诉讼业务指标存在的问题主要在于"公益诉讼诉前整改率"整体偏高。因此，新增"诉前整改率"通报值为 85%，以引导公益诉讼工作追求监督质量，鼓励各地多办"硬骨头案"。

（十一）未成年人检察业务、知识产权检察业务指标

指标修改突出未成年人检察业务的主要职责、重要工作和特色亮点工作，保留"附条件不起诉率"1 项指标，将通报值从 20% 调整到 30%；增加"综合履职适用率"指标；删除 3 项指标。

一是增加"综合履职适用率"。以推动检察机关集中统一履行未成年人、知识产权刑事、民事、行政、公益诉讼职能，实现成年人、知识产权"四大检察"协同发展和贯通融合。为了对未成年人检察与知识产权检察综合履职情况分别进行精准评价，通报时，将对该指标分两项通报。

二是删除"性侵未成年人案件引导侦查取证率""督促监护率""社会调查适用率"3项指标。实践中，引导侦查取证难以把握，容易出现凑数、虚高等情况；督促监护业务作为一项新兴业务，标准尚未完全定型；"社会调查适用率"数据畸高，多次反复开展社会调查反而给未成年人造成新的伤害，因此均予以删除。

（十二）控告申诉检察业务指标

考虑到"首次控告申诉信访案件化解率"指标需以案件办结后半年内未重复访作为化解标准，不易对"化解"作出客观、科学评价，因此，予以删除。修改后，控告申诉检察业务指标1项，为"国家赔偿决定改变率"。同时，为更加客观、全面评价国家赔偿工作情况，修改指标说明，将"本院逾期未作出赔偿决定，上级检察院或法院赔偿委员会直接决定赔偿案件数"纳入分子"本院赔偿决定改变数"。

四、理解和适用评价指标需要把握的五个问题

（一）关于中性指标

中性指标是相对于正向或者负向评价指标而言的，不是越高越好，也不是越低越好。适用中性指标要着重把握以下几点：

一是严格把握中性指标的特点，不能追求不捕率、不诉率越高越好，不能排名，更不能设为核心指标。

二是从有利于科学指导办案角度，最高人民检察院各业务部门、各省级院也可以结合本条线、本地区实际情况，通过近几年的相关数据，结合司法政策的调整等，从数据变化情况分析数据异常性、典型性、倾向性问题，加强相关业务指导。可以根据不同情形分类细化应用，如可以从不捕情形、不诉情形、罪名等不同维度对不捕率、不诉率进一步细化分析。

三是可以将中性指标进行组合运用。比如提请逮捕率与不捕率组合运用等。

（二）关于组合指标

修订后的《评价指标》明确了 13 组组合指标。对组合指标的理解和适用应把握好以下两点：

一是组合评价业务工作，切忌单个指标的单独评价。组合评价指标，就是根据检察业务工作的内在联系，确定一组相互关联、相互制衡的指标，科学、全面评价检察业务，切实防止评价指标单打一，出现非此即彼、顾此失彼的现象。适用组合评价指标不能看单个指标上升下降来确定这项业务开展得如何，应看该组指标的总体情况，如，不能简单凭借"无罪判决率"和"撤回起诉率"单一指标上升或下降，判断审查起诉业务开展的情况。

二是明确应当组合、可以组合和引入组合的区别，全面加强组合评价。应当组合运用的指标，是明确规定必须组合评价运用的指标，《评价指标》中明确的 13 组指标都是应当组合使用的指标，必须组合评价业务工作。可以组合运用的指标，是指虽未明确规定但通过相关指标的组合，可以更全面评价某项业务工作质效。如，从审查逮捕、审查起诉、法庭审理等诉讼环节取不同指标，综合评价检察办案质效；可以引入组合运用的指标，是指各地可以根据检察业务质效管理实际，在案件质量主要评价指标之外设置反映检察权运行态势的指标，如，可以将"刑事案件审结率"与刑事检察"案－件比"进行组合运用。三种组合指标都应用好，才能全面分析、研判、把握和指导好检察业务工作。

（三）关于通报值指标

通报值是对一些指标设定一个通报数值，指标数值达到通报数值后，不再通报具体数字，只标明该地方该项指标值达到或者低于设定的通报值。2021 年 3 月开始，最高人民检察院探索设置指标的通报值，并通报全国。通报值指标不是一成不变，而是根据实践运行的客观情况予以检验和调整。案件质量评价指标要围绕督导从"做起来"到"做好做优"转变，对一些已经达到一定数量、已经"做起来"的工作，从科学管理上不再做量的排序，而要更深更实做质的考核，让检察人员把更多精力放在提升质效上。对达到通报值的指标不得通报和排名，不能无限追求更高或者更低，不得对通报值层层加码。

（四）关于正确认识评价指标与相关工作的关系

一是正确认识评价指标与业绩考核的关系。二者在目标、作用、导向以及内在要求等方面总体是一致的，都是为了激励先进、鞭策落后，促进检察工作质效不断提升。但二者的评价对象不同，前者是对一个地区、一个检察院所办案件质效宏观层面的管理，后者是对检察人员个体，包括德、能、勤、绩、廉等全面情况的微观层面管理。要综合运用两套评价机制，不能将指标直接用于对检察官个人的考核，政工部门、业务部门、案管部门要在指标设计上加强沟通协作，有效发挥二者的不同功能，防止简单结合甚至完全混为一谈。

二是正确认识评价指标与业务指导的关系。评价指标的引导和业务条线的指导既有联系也有区别。各条线指导推动相关业务工作，可以通过评价指标实现。但46项指标不能解决所有的业务问题。因此，各条线除了通过主要评价指标抓重点、强实效外，更要通过"业务指导数据"指导工作。检察统计系统有海量的指标数据，包括修订删除的指标，都可以继续作为业务指导数据，在条线指导时使用。

三是正确认识评价指标与业务数据分析研判的关系。评价指标和其他司法办案数据都可以用于对业务工作的评价与分析，但侧重点、使用方式以及作用存在差异。前者反映的是检察业务的主要方面和重要工作，具有"小而重"的特点，通过对案件质量的评价，引领业务工作的发展方向，体现的是"指挥棒""风向标"作用；而统计数据包括检察业务的方方面面，具有"大而全"的特点，通过业务分析研判，可以全面把握司法办案态势、指导和部署工作。实践中，要善于用好两种机制，吃透、用好各类评价指标和统计数据。在分析研判时，既要紧紧围绕评价指标进行分析，还要对与评价指标有密切联系的其他数据进行分析，确保分析研判更加全面、客观，及时、全面、动态地发现和纠正倾向性、苗头性问题，作出更科学和更具针对性的部署决策和工作指导。

（五）关于科学应用评价指标

应勇检察长提出，完善案件质量评价指标体系，基础是信息系统，核心是指标体系，关键是考核应用，这是一个有机的整体。没有完善的系统，就没有基础；没有指标体系，就形不成"指挥棒"；没有考核应用，管理就失去意义。科学应用案件质量主要评价指标，要统筹推进指标运用、系统建设和考核应用，确保"指挥棒"指向准、运用好。

一是加强评价指标的本地化应用。各省级检察院在落实最高人民检察院指标基础上，要基于本地实际对指标进行适度细化应用，既反对不结合地方实际的照搬照抄，也反对本地特色高于最高人民检察院指标的普遍性。省级检察院评价指标不得超过60项，本地化指标须报最高人民检察院备案。各地要在运用中不断发现问题、破解难题，积极探索构建适合本地区实际的指标体系，努力在工作创新中出实招、走在前。

二是做好评价指标的科学通报。一方面，加强对指标异常数据的核查，对于数据"有水分""做假账"的，严肃追责问责，以"零容忍"对待"反管理"；另一方面，改变通报方式，达到通报值的不再通报具体数值，避免形成不健康的"争先""恐后"，将精力聚焦到监督办案质效的提升上。

三是加强评价指标的信息化建设。最高人民检察院将加强案卡设计和基础数据采集，进一步优化信息系统，尽可能减轻承办人填录负担，实现一键生成基础数据，更好服务科学决策和对下指导。

第十一篇

抓实抓好案件质量评价指标体系的完善及应用助力法律监督现代化 *

2023 年全国检察理论研究年会以"法律监督现代化"为主题，将检察理论研究融入中国式现代化大局，立意高、格局大，也为检察案件管理提出更加宏大命题。下面，我以"抓实抓好案件质量评价指标体系的完善及应用，助力法律监督现代化"为题，与大家做个交流。主要谈四点认识和体会。

一、案件管理助力法律监督现代化，考核评价是必不可少的重要手段

办案是检察机关履行法律监督职能的基本方式。有案件办理，就有案件管理；越强调案件办理，就应该越重视案件管理。强调法律监督现

---

* 原载于《民主与法制》周刊 2023 年第 24 期。

代化，必然要求有与之相适应的案件管理现代化予以支持和保障。检察业务考核评价是案件管理的有效手段，案件管理助力法律监督现代化，自然需要检察业务考核评价。

管理学认为，管理无处不在。从各国公共管理发展来看，为提高公共管理部门的效率和保证公共权力行使的规范性，对政府等公共管理部门进行绩效管理是一个总的发展趋势。绩效考评是绩效管理的核心环节。在管理工作中重视考核评价，中外是贯通一致的。西方现代管理学之父德鲁克说：无评价则无管理。在管理上有一句名言：员工不做你想要的，只做你考核的。所以说，考核评价是至关重要的管理手段。

从国家和社会治理层面看，国家治理体系和治理能力的优劣决定着国家能否长治久安和长远发展。对国家和社会来讲是治理，对于一个单位、一个行业讲，就是管理。管理是继土地、劳动力、资本之后第四个生产要素，影响着人类社会的变化和发展。社会越发展，管理就越重要，法律监督现代化同样需要管理的助力。

从检察业务考核实践探索看，正如最高人民检察院检察长应勇所强调的，评价指标体系，有，比没有好；管理，比不管理好。检察业务考核评价经历了自下而上、从地方到中央的探索过程。在地方检察机关探索实践的基础上，最高人民检察院于 2009 年开始对各地检察业务进行考核评价。实践中，我国特定司法背景和司法条件下形成的"一考就重视"的司法现状，使考核评价成为各级检察机关推动工作的管用抓手，在检察机关内部，基本共识是"考比不考好"。

二、作为助力法律监督现代化的重要手段，评价指标体系的构建必须坚持"科学性"

管理要科学，管理不科学不如没有管理。案件质量主要评价指标作为检察业务"指挥棒"，需要始终保持在法治的轨道上，一时一刻也不能偏离；"指挥棒"偏移法治轨道一尺，办案就可能偏离一丈。改进和完善评价指标体系，要充分考虑检察业务工作的司法属性、案件关联环节相互制衡的特殊性、司法办案活动的复杂性以及地区因素的差异性，确保指标的科学性。

最新版本指标的修改，始终把握四个方面原则。一是注重全面评价。2020年以前，只对办案数量进行考核；之后，评价指标只重质量，没有数量的考核。这次指标修改更加注重全面评价。应勇检察长指出，全面，就是质量、数量、效率、效果的有机统一；一定的量也是质，质量要在一定的数量中体现。在更加重视质量的同时，也要有合理数量作为基础，更好统筹"有数量的质量"和"有质量的数量"。当然，这里的数量，不是被动受案的数量，而是体现能动司法力度的数量。二是注重整体评价。基于法律监督职能，立足于从宏观上评价、引导和调控检察业务，强调对一个地方的检察机关、一级检察院整体业务的评价，聚焦检察机关主要业务、重点工作，在有效引导检察职能更好发挥和克服薄弱点方面发力。三是注重组合评价。为避免某些单一指标的片面评价可能导致评价结果的不客观、不全面，这次修改，强化了部分指标之间的相互关联和相互制衡。比如，力度指标与质量指标组合评价，如"刑事抗诉率"与"刑事抗诉采纳率"

组合，体现"有数量的质量和有质量的数量"；再比如，将有关联的不同指标组合使用，如"撤回起诉率"和"无罪判决率"组合，避免为降低无罪判决率，将法院拟判无罪案件作撤回起诉处理。组合评价体现了对检察业务司法属性的充分考虑。四是注重实绩评价。应勇检察长指出，没指标不行，唯指标也不行，虚假的指标更不行。这次修改删减不易客观反映工作质效、数据易有"水分"不易核查或非重点业务的指标，目的是通过指标明确业绩导向，引领检察人员通过高质效办案取得实实在在的工作成效。比如，侦查活动违法监督中的"口头纠正"，因为容易"注水"造假，就没有纳入，这就是注重实绩。五是注重动态调整。管理是动态过程，要求管理者必须不断地创新，以使管理系统与变化了的外部环境相适应。检察业务重心随党和国家中心任务在不断调整，检察业务工作在不断发展，指标体系应当及时跟进调整。

三、以科学的指标体系推动高质量发展，考实评准用好是关键

考核评价是把"双刃剑"，用得好，指标体系就会发挥正向引领作用；用不好，就会导致司法办案走样变形。有的地方唯"指标论"，不顾司法办案实际盲目追求指标排名，办注水案、打"擦边球"，甚至弄虚作假。我们针对各地运用中存在的问题，着眼评价指标既发挥正向作用，又不能让检察官被数据所困、被考核所累，提出了一些具体措施：一是正确运用通报值，对一些指标设定一个数值，达到通报值的不再通报具体数值，防止在执行中无限追求更高或者更低。二是不打分不排名，不再作前十名、后十

名的通报，避免形成不健康的"争先""恐后"。三是正确理解和使用中性指标，比如把不捕率、不诉率作为中性指标，当捕则捕、当诉则诉，仅作为一种观测指标，目的是从数据变化情况分析数据异常性、典型性、倾向性问题，用以加强业务指导。四是正确运用组合评价指标。如"撤回起诉率"和"无罪判决率"这组指标，如果"无罪判决率"降低了，但"撤回起诉率"上升了；或者"撤回起诉率"下降了，但"无罪判决率"上升了，这两种情况下，就需要组合起来，才能判断评价审查起诉业务质量。同时，最高人民检察院还要求各地本地化指标报最高人民检察院备案，对数据异常的地区进行数据质量检查或者案件质量评查，防止数据造假。

四、案件管理助力法律监督现代化，必须坚持系统思维正确认识评价指标的功能作用

案件质量主要评价指标作为一种管理手段，对检察业务牵引作用得到普遍认可，但是也要认识到评价指标不是"万能法宝"，不能指望评价指标解决所有业务问题。目前，案件管理各项机制的功能作用还没有得到充分发挥，导致一些地方过多地依赖考核评价实现管理目的，这是考核评价指标过多过滥的重要原因之一。随着案件管理机制的进一步健全完善和发展，特别是随着案件管理信息化、智能化的发展，通过流程监控、案件质量评查、检察办案大数据监督模型等各项管理机制、手段共同发挥作用，实现对个案的精准把控和评价，可能就会不再依靠宏观数据对质效进行概略评价，一些司法办案活动将会自动退出考核评价范围，为考评减负将成为可能。

第十二篇

人民监督员制度研究 *

人民监督员制度，是指人民监督员经司法行政机关选任管理，对检察机关办案活动进行监督的制度。这一制度起源于我国检察工作实践，经历了 20 余年不断完善的发展历程，已经成为中国特色社会主义司法制度、检察制度的重要组成部分。新时代新征程，人民监督员制度在促进检察机关高质效办好每一个案件方面具有重要意义，有必要对其进行深入研究，推动人民监督员制度更好地发挥功能作用。

一、人民监督员制度的价值功能

（一）人民监督员制度是我国政治制度架构的有效补充

西方国家政治制度主要体现在立法权、司法权和行政权的"三权分立"，检察机关不属于"三权分立"政治架构之一。而我国的政治制度，是

---

* 原载于《中国检察官》2023 年第 19 期。

在全国人大的监督下，实行"一府一委两院"，检察机关属于其中的一环。中国特色的政治架构，更有利于实行全过程人民民主，实现人民对公权力的监督。同时，由于检察机关属于"一府一委两院"的顶层设计部分，为检察机关高质量履职尽责提供了更加广阔的空间。检察机关高质量开展法律监督工作，必然面临"谁来监督监督者"的质疑。从制度设计上，人大代表、政协委员等都可以对检察机关开展监督，但由于不是专职从事这项工作，这种监督难以制度化、常态化。与此相对，人民监督员从人民群众中抽选，是人民的代表，专门监督检察机关办案活动，这种监督更加具有普遍性、常态化。从这个意义上说，人民监督员制度是我们国家"一府一委两院"政治架构的有效补充，是全过程人民民主的实践体现。

（二）人民监督员制度是推进国家治理现代化的重要举措

推进国家治理体系和治理能力现代化，离不开"专群结合"的工作方法，离不开人民群众的广泛、深入参与。当前，随着互联网、信息化的发展，国家公权力运行的透明度不断提升，国家治理措施无时无刻不处在社会公众的监督下，对于一些不规范、不合理的行为，很容易引发社会关注、舆论炒作，个别人员为提高网络流量，甚至故意歪曲事实和真相，影响了社会治理的有效开展。面对这种情况，国家机关如果引入社会力量，及时查清事实、公布真相、解释说明，能够增加社会治理的公信力。同时，社会公众的参与意识不断增强，为国家机关邀请群众参与治理提供了条件。在检察机关办案活动中，对于一些争议较大案件、舆论关注案件等，可以邀请人民监督员参与进来。人民监督员作为人民群众的代表，通过详细了解案情、证据、法律适用等，独立发表意见建议，充分反映社情民意和公众感受，促进案件处理结果更大程度得到当事人和社会公众认同。

（三）人民监督员制度是提升检察机关法律监督质效的必然要求

最高人民检察院提出"以高质效法律监督维护司法公平正义，通过高质效办案，让人民群众能感受、可感受、感受到公平正义"[1]。人民监督员工作是让人民群众对公平正义可感可知的重要载体。人民监督员大多来自非专业法律人士，其参与检察履职发表监督意见，能够帮助检察机关增强人文关怀和办案情理思维，确保办案人员与人民群众共同价值相契合，真正办理出"三个效果有机统一"的案件。此外，人民监督员相对超脱和中立，直接参与检察机关执法办案活动，有利于消除"属地化""熟人化"等因素的干扰，监督检察机关办案程序是否规范、办案结果是否准确、办案效果是否良好，对规范司法行为、推进司法民主、深化司法公平、促进司法公正，都发挥了不可或缺的外部监督制约作用。

二、人民监督员制度的比较研究

（一）人民监督员制度与国外大陪审团制度、检察审查委员会制度的比较

普通民众参与检察工作，在其他国家检察制度中广泛存在，比较典型的是英美法系的大陪审团制度和日本的检察审查委员会制度。美国的大陪

---

① 《最高检：以高质效法律监督维护司法公平正义》，载最高人民检察院官网 http://www.spp.gov.cn/spp//tt//202306/t20230614,61755.shtml，最后访问日期：2023 年 10 月 8 日。

审团由 5 至 23 名具有选举权的公民组成,针对重刑案件,签发起诉书,独立调查犯罪事实。[①] 日本的检察审查委员会由 11 名检察审查员组成,根据《日本检察审查会法》,检察审查会对其管辖区域内的检察厅行使两项职权:一是对检察官做出的不起诉决定是否适当进行审查,做出独立的审查评议结论;二是对改进检察事务向有关的检察厅长官提出建议和劝告。[②] 在主动接受群众监督方面,人民监督员制度与大陪审团、检察审查会制度具有一致性,但我国的人民监督员制度具有自身的特点。比如,在监督案件的范围方面,大陪审团主要是对检察机关拟做起诉的案件进行监督,检察审查委员会主要是对检察机关拟做不起诉的案件进行监督,而人民监督员制度是对检察机关所有案件进行监督。在监督程度方面,大陪审团具有独立的起诉决定权,是司法权的一部分,检察审查委员会意见是检察官办案的重要参考但没有完全约束力,而人民监督员意见是审查案件的重要参考。在成员抽选方式方面,大陪审团成员由法官抽签或评议方式产生,检察审查委员会成员由审查委员会抽签或推荐产生,而人民监督员由司法行政机关抽选产生。

（二）人民监督员制度与人民陪审员制度的比较

人民陪审员制度是群众监督法院审判活动的一项举措,2018 年 4 月,全国人大常委会通过了《中华人民共和国人民陪审员法》,促进这项制度更

---

① 秦前红、宦吉娥、周伟、吕红波:《人民监督员制度的立法研究》,武汉大学出版社 2010 年版,第 6—7 页。

② 王玄玮:《日本检察审查会制度之启示——兼与我国人民监督员制度比较》,载《云南行政学院学报》2012 年第 5 期。

加成熟完善。与人民陪审员相比，人民监督员制度具有以下几个方面的特征：一是在法律依据方面，人民陪审员制度有专门的人民陪审员法；而人民监督员制度在《人民检察院组织法》中第 27 条有规定。二是在任命方式方面，人民陪审员由人民代表大会常务委员会任命；人民监督员由司法行政部门选任。三是在参与方式方面，人民陪审员直接参与案件审理，除特殊案件类型外，与审判员拥有相同的对事实认定、法律适用，独立发表意见，行使表决权的权利；而人民监督员的意见只是对检察机关办理案件的重要参考。四是在日常管理方面，人民陪审员的经费保障、业务培训、日常考核等工作，主要由人民法院负责；而人民监督员的管理、经费保障等，主要由司法行政部门负责。五是在监督案件范围方面，人民陪审员仅参加一审陪审，且有案件类型限制；而人民监督员可以对检察机关所有的办案活动进行监督。

（三）人民监督员制度不同发展阶段的比较

人民监督员制度开始于 2003 年，期间不断发展完善，大致经历了以下几个发展阶段。第一是探索试点阶段，时间节点是 2003 年至 2010 年。第二是改革完善阶段，时间节点是 2011 年至 2018 年。第三是创新发展阶段，时间节点是 2019 年至今。通过梳理人民监督员制度的发展历程，大致可以归纳出几个特点：一是在监督案件的范围方面，实现了从专项监督向全面监督的转变。人民监督员制度最初是对检察机关自侦案件的监督，如今发展为对检察院办案活动的监督，涵盖检察办案各个方面。二是在选任主体方面，实现了从"管用一体"到"管用分离"的转变。人民监督员制度最初是由检察机关自身抽选人民监督员，如今发展为由司法行政机关进行管理，更加增强了人民监督员的自主性。三是在适用依据方面，实现了从内部规定到法律规定的转变。人民监督员制度最初是检察机关探索开展的一项工作，仅有检察机关内部规定，2018 年 10 月人民检察院组织法专条规定了人民监督员内容，2019 年 8 月最高人民检察院制定《人民检察院办案活动接受人民监督员监督的规定》（以下简称《规定》），2021 年 12 月最高人民检察院与司法部联合修订了《人民监督员选任管理办法》（以下简称《办法》），为人民监督员工作提供了更加科学的依据。

三、人民监督员制度的基本内容和主要特点

（一）监督主体的独立性

人民监督员作为人民监督员制度的监督主体，具有独立性，主要体现在三个方面。一是"人民监督员"是相对于检察机关的一种外部监督。检察机关也有类似于人民监督员的"听证员""特约监督员""特约检察员""专家咨询委员"等，虽然对检察办案活动也起到监督的作用，但是由检察院邀请、聘请，主要相当于检察机关的外脑。但人民监督员不是由检察院管理，是独立于检察机关的外部监督，监督的力度更大。二是人民监督员发表意见具有独立性。对于人民监督员参与的案件办理活动，人民监督员发表意见是一个独立的办案流程，检察机关应当听取人民监督员的意见并记录，不得限制或剥夺人民监督员发表意见的权利。三是人民监督员的选任管理与组织监督相分离。人民监督员监督的是检察机关的办案活动，但其日常的管理，包括选任、培训、抽选等，由司法行政部门负责。人民

监督员参与办案活动的经费，也主要由司法行政部门保障。这种独立性保障了人民监督员在参与监督活动时，敢于发表监督意见。

（二）监督对象的广泛性

人民监督员监督对象，经历了从检察机关自侦案件向检察机关办案活动的转变。这项制度创设之初，监督的对象是检察机关自侦案件。2018 年，随着国家监察体制改革不断深化，职务犯罪侦查案件主要由监察委负责。经深入研究，检察机关坚持和完善人民监督员制度，把监督对象扩展到检察机关整个办案活动。这里的"办案活动"，应当作广义理解，与办案相关的工作都可以纳入。一是对个案办理活动进行监督。对具体案件的监督是最重要的一种监督方式。如通过参与检察听证，对案件办理的程序和实体处理提出监督意见；通过观摩出庭，对公诉人的庭审表现进行监督等。二是对专项办案活动进行监督。对于检察机关类案办理或者专项办案活动，人民监督员也可以参与进行监督。如参加检察机关开展的案件质量评查、司法规范化检察、巡回检察等，对相关活动是否合法规范开展监督。三是整体办案活动进行进度。人民监督员可以对检察机关某个时期的整体办案活动进行监督。如检察院应当向人民监督员定期通报办案活动，接受监督。

（三）监督方式的多样性

根据《规定》，人民监督员通过案件公开审查、公开听证，检察官出庭支持公诉，巡回检察，检察建议的研究提出、督促落实等相关工作，法律文书宣告送达，案件质量评查，司法规范化检查，检察工作情况通报，其他相关司法办案工作，对检察办案活动提出意见建议等 10 种方式。对检察机关的办案活动进行监督，监督方式具有以下特点：一是体现了主动邀请监督与被动邀请监督的结合。前9种方式，如公开审查、公开听证等，是检察机关主动邀请人民监督员进行监督。最后一种方式，是人民监督员可以主动提出对检察机关的办案活动进行监督。目前来看，实践中主要是主动邀请监督。二是体现了应当邀请监督与可以邀请监督的结合。对特殊类型案件开展公开审查、公开听证，以及检察工作情况通报，是应当邀请人民监督员进行监督，其他类型是可以邀请。需要说明的是，虽然规定的是"可以"，但列明了具体的情形，表明的是一种主动接受监督的态度，一般情况下也应当邀请人民监督员进行监督。三是体现了程序监督与实体监督的结合。在这些监督方式中，有的侧重于对办案程序进行监督，有的侧重于对办案实体处理结果进行监督，并没有对人民监督员监督的程度进行限制。从人民监督员制度的设置意义来看，人民监督员对办案活动的程序和实体都可以进行监督。

（四）监督意见的约束性

人民监督员的监督意见具有很强的约束性，检察院、检察官必须高度重视，为人民监督员正常履职提供保障，提升人民监督员监督的"刚性"。一是检察机关应当为人民监督员提供必要条件。例如，在人民监督员知情权方面，检察院应当提供与监督有关的材料，提前把相关案件材料送给人民监督员，方便人民监督员提前了解案情、进行研究。二是人民监督员依法独立发表监督意见。人民监督员发表监督意见是一个必经的程序，即便是人民监督员参加检察听证活动，主持人介绍参加听证人员时，应当专门介绍人民监督员；听证结束后，人民监督员要单独填写《人民监督员监督检察办案活动意见建议》文书。对于这些意见和材料，人民检察院应当如实记录在案，列入检察案卷。三是人民监督员的意见对检察机关具有约束力。对于人民监督员的意见，检察机关应当进行认真研究，及时将是否采纳情况告知人民监督员。对于不采纳人民监督员意见的，要进行反馈和解释说明。人民监督员对于不采纳有异议的，检察机关需要报请检察长决定。这是人民监督员不同于听证员的一个方面，对于听证员，我们主要采纳多数人的意见，而对于人民监督员，即便是一名人民监督员有异议，也要高度重视，报检察长决定。

四、人民监督员制度存在的问题及下一步工作举措

人民监督员工作虽然取得了明显的成绩，但也存在一些问题和短板。根据调研情况总结如下：一是个别地方还存在走形式、走过场的问题，2022 年人民监督员没有发表监督意见占总监督人次的 16.3%，全国检察机关不采纳监督意见建议 206 条次，不采纳监督意见建议已作解释说明的为180 条次，不采纳又不解释的占比达 12.6%。二是工作机制还不够健全，人民监督员制度还没有立法，具体邀请机制、参与机制、意见表达机制、意见反馈机制等还不够细化等。三是信息化程度还较低，检察机关与司法行政部门之间还不能通过线上的方式提出需求、反馈意见，检察机关内部人民监督员信息化功能还不够完备等。四是宣传推介还不到位，检察人员、社会公众对人民监督员工作的了解还不多，影响力还不够大等。对于这些

问题，需要深入研究，逐步予以解决。

（一）提升人民监督员工作实质化水平

邀请人民监督员进行监督，需要增加人力精力财力，是一项相对"昂贵"的活动，必须克服走形式、走过场的现象，实质化开展工作。一是提升人民监督员在监督办案方面的效果。把监督作为人民监督员工作的核心价值，在监督检察机关程序性办案活动基础上，引导人民监督员监督检察机关对案件办理的实体性处理结果，多选择疑难复杂、社会影响度高、群众广泛关注案件开展监督。二是提升人民监督员在破解检察工作难题方面的效果。强化"监督就是支持"的理念，借助人民监督员力量，推动解决"调卷难"、检察建议落实难、行政争议实质性化解难、监督行政机关依法履职难、公益诉讼开展难等问题，延伸人民监督员工作的效果。三是提升人民监督员在化解社会矛盾方面的效果。对于当事人意见较大的案件，邀请人大代表、政协委员或在当地具有一定声望的人民监督员，参加案件办理，发表监督意见，更加容易得到当事人的认同。四是逐步杜绝以数量论的考核方式，在邀请人民监督员监督案件数量达到一定程度后，不再按照数量排名，探索开展对人民监督员工作的评查，对于明显走形式、走过场的进行通报。

（二）推进人民监督员制度专门立法

人民监督员制度经过20年的发展，具体实践不断深入，经验不断丰富，推进立法的时机和条件已逐步成熟。人民陪审员、人民监督员、人民调解员并称为"三员"，其中人民陪审员、人民调解员制度均已完成立法，人民调解法于 2011 年 1 月颁布实施，人民陪审员法于 2018 年 4 月颁布实施，为人民监督员制度立法提供了借鉴参考。制定人民监督员法，也是社会各界的呼吁。2014 年以来，全国人大代表共提出人民监督员立法提案 12 次，其中 2021 年有 30 位人大代表联名在十三届全国人大四次会议上提出《关于制定人民监督员法的议案》。我们认为，要根据人民监督员制度的运行时机，借鉴其他相关制度立法经验，顺应群众呼声，积极稳妥地推进立法工作，对人民监督员的职责定位、任职条件、选任方式、履职流程、经费保障、权利义务、考核奖惩等方面作出规定，为人民监督员制度持续发展提供依据。

（三）强化人民监督员工作信息化建设

根据人民监督员履职特点，依托"12309 中国检察网"完善人民监督员版块功能，增加基于智能化和大数据的人民监督员业务新需求，拓展人民监督员监督渠道和方式，通过信息化应用方式便利人民监督员远程阅读资料、反映意见、提起监督。重新设计人民监督员办案业务需求，通过数据自动提取的方式减少案卡填录数量，通过数据返填的方式自动生成法律文书，通过减少工作文书的方式简化办案流程，通过数据跟踪的方式进行智能化统计分析，最大程度实现监督程序的简便易懂和可操作性。加强检察机关与司法行政机关的沟通，探索实现司法行政机关对于人民监督员抽选数据与检察机关对于人民监督员监督活动数据协同共享，并逐步实现抽选结果自动反馈到检察业务应用系统中，人民监督员监督意见反馈信息自动更新到司法行政机关人民监督员管理系统中的功能，实现政法机关协同办案和全流程一体化办案。

（四）做好人民监督员制度的宣传

一是培育宣传典型案事例。充分挖掘人民监督员监督办案活动典型案例，提炼感人事迹，征集故事线索，通过新闻宣传、电视访谈、专题报道、影视剧情节植入等方式，增强人民监督员工作宣传体量，扩大宣传范围，讲好人民监督员故事，传播监督"好声音"。二是办好专门刊物。将《方圆》杂志副刊《人民监督》等宣传平台作为检察机关同人民监督员和社会各界密切联系沟通的桥梁和纽带，常态化编发人民监督制度运行情况、人民监督员声音和理论成果。三是用好新媒体平台。依托检察机关官方微信公众号等多种新媒体平台，通过中国检察听证网扩大在线听证直播宣传，联合司法行政机关利用各自网站开展人民监督员视频展播，更加丰富多样地开展宣传。

第十三篇

深化新时代人民监督员制度
丰富全过程人民民主的检察实践 *

习近平总书记强调，"全过程人民民主是社会主义民主政治的本质属性"。① 党的二十大报告明确指出：发展全过程人民民主是中国式现代化的本质要求之一，要进一步提高全过程人民民主的制度化、规范化、程序化水平。② 人民监督员制度创立 20 周年以来，作为全过程人民民主在司法工作、检察工作中的具体实践和制度创新，在检察机关主动接受社会监督、保障人民群众有序参与和监督检察工作中发挥了重要作用。进入新时代，党领导人民全面建设社会主义现代化国家的历史使命对人民监督员制度提出了更高政治要求，检察机关更要紧跟时代使命，深刻理解人民监督员制

---

* 原载于《人民检察》2023 年第 22 期。

① 习近平:《高举中国特色社会主义伟大旗帜，为全面建设社会主义现代化国家而团结奋斗》(2022 年 10 月 16 日)，载《求是》2022 年第 21 期。

② 习近平:《高举中国特色社会主义伟大旗帜，为全面建设社会主义现代化国家而团结奋斗》(2022 年 10 月 16 日)，载《求是》2022 年第 21 期。

度的理论逻辑和实践逻辑，依法能动履职推动人民监督员工作行稳致远，不断丰富全过程人民民主的检察实践。

一、深刻理解人民监督员制度的理论逻辑，不断提高做好新时代人民监督员工作的政治自觉

"全过程人民民主"是对我国社会主义民主理论和实践的全新概括，是习近平新时代中国特色社会主义思想的重要内容。[①] 人民监督员制度闪耀着马克思主义的理论光辉和中华优秀传统文化的光芒，完全符合中国特色社会主义制度的本质属性，是推进社会主义民主政治的内在要求，是以人民为中心的思想在检察工作中的具体体现。

从制度设计理论渊源来看，人民监督员制度蕴含着历史唯物主义观点和鲜明的人民立场，源于中华优秀传统文化中的民本思想，直接继承了马克思主义的民主理论，统一于中国特色社会主义民主政治理论。中华传统文化强调"以民为本"，民主是民本的必然发展。马克思主义坚持历史唯物主义群众史观，科学揭示了国家权力的真正主体，"人民性是马克思主义的本质属性"。[②] 人民民主是社会主义的生命，是全面建设社会主义国家的应有之义。[③] 我国的国体和政体是人民意志的集中体现，是人民当家作主的

---

① 参见党的十九届六中全会《中共中央关于党的百年奋斗重大成就和历史经验的决议》。

② 习近平：《高举中国特色社会主义伟大旗帜，为全面建设社会主义现代化国家而团结奋斗》（2022 年 10 月 16 日），载《求是》2022 年第 21 期。

③ 习近平：《高举中国特色社会主义伟大旗帜，为全面建设社会主义现代化国家而团结奋斗》（2022 年 10 月 16 日），载《求是》2022 年第 21 期。

可靠保障。中华人民共和国的一切权力属于人民，包括检察权在内的所有国家权力，都是受人民委托而行使的。人监督员制度正是加强人民群众有序参与司法、践行全过程人民民主的制度保障。

从权力制约逻辑来看，检察机关作为国家法律监督机关，落实全过程人民民主，当然要以人民满意为最高标准，以人民感受为第一感受，充分保障人民群众对检察工作的知情权、参与权、表达权、监督权，做到做实为人民司法、受人民监督。[①] 由人民监督员代表人民群众进行监督，以制度化的形式深度参与到检察机关司法办案的各关键环节，既保障了人民群众对检察工作的知情权、参与权和监督权，有利于更好地实现广纳民意、广聚民智，也有效实现对检察权的外部监督制约，从而解决"谁来监督监督者"的问题，更好体现人民意志、保障人民权益。这正是检察工作"人民性"的生动体现。

总之，人民监督员制度蕴含着新时代检察机关以人民为中心的价值追求，是真正体现党的领导、人民当家作主、依法治国有机统一的重要制度，是服务保障"高质效办好每一个案件"的必然要求。20 年的实践探索充分证明，人民监督员制度作为人民群众对检察办案活动进行监督的重要制度安排，符合我国国情和司法检察工作实际、深深植根于鲜活司法检察实践、具有顽强生命力。

---

① 应勇:《以高质量检察履职践行全过程人民民主　保障人民当家作主》，载《习近平法治思想研究与实践》专刊 2023 年第 5 期。

二、深刻理解人民监督员制度的实践逻辑，不断提高做好新时代人民监督员工作的行动自觉

保障人民的知情权、参与权、表达权、监督权，一直贯穿于人民检察工作全过程。人民监督员制度伴随着人民检察事业的发展，经历了从无到有，从试点到制度推进，从监督司法权到参与、监督并重的发展阶段，见证了我国检察领域完善全过程人民民主制度保障的历史进程。

2003 年，检察机关开始探索试行人民监督员制度，主要初衷为加强对检察机关办理自侦案件的人民监督。经过 7 年多试点，2010 年，在全国检察机关正式推广适用。2014 年，最高人民检察院联合司法部开展试点，对人民监督员的选任方式进行探索，由检察机关自行选任向司法行政机关负责选任转变。2016 年 7 月，联合出台《人民监督员选任管理办法》，进一步明确了选任管理、履职经费保障等工作由司法行政机关负责，改变了原来"由运动员选择裁判员"的局面。2018 年 10 月，《人民检察院组织法》新修订后，专门规定："人民监督员依照规定对人民检察院的办案活动实行监督。"标志着在国家立法层面，人民监督员制度正式成为中国特色社会主义检察制度的组成部分。

党的十八大以来，党中央高度重视人民监督员制度建设，全面部署深化改革工作。2013 年 11 月，党的十八届三中全会提出："广泛实行人民监督员制度，拓宽人民群众有序参与司法渠道。"① 2014 年 10 月，党的十八届

---

① 《中共中央关于全面深化改革若干重大问题的决定》，2013 年 11 月 12 日中国共产党第十八届中央委员会第三次全体会议通过。

四中全会强调："完善人民监督员制度。"① 2015 年 2 月，中央全面深化改革领导小组第十次会议上，习近平总书记主持会议并审议通过了《深化人民监督员制度改革方案》。2020 年 12 月，中共中央印发的《法治中国建设规划（2020—2025 年）》再次明确要"完善人民监督员制度"。2021 年 6 月，《中共中央关于加强新时代检察机关法律监督工作的意见》再次强调要"完善人民监督员制度，拓宽群众有序参与和监督司法的渠道"。这些重要部署标志着人民监督员制度正式纳入了全面深化改革、全面依法治国大格局。在党中央的顶层设计、校准定向下，人民监督员制度得到全面深化，取得明显成效，具体呈现四个特点：

（一）人民监督员监督范围持续拓展延伸

国家监察体制改革启动后，检察机关职务犯罪侦查职能整体转隶，人民监督员原有的监督对象、监督任务发生根本性变化。最高人民检察院根据形势发展变化，不断改革完善人民监督员制度，从规范人民监督员对检察办案活动的监督范围、方式、程序、层级等角度，做出全面调整和完善，部署开展了为期两年的人民监督员工作"清零"行动。截至 2022 年底，全国四级检察机关累计邀请人民监督员 19 万余人次，监督检察办案活动 12 万余件次，"四大检察"全部纳入监督范畴，实现了人民监督由专项监督向全面监督的结构性、实质性转变。

---

① 《中共中央关于全面推进依法治国若干重大问题的决定》，2014 年 10 月 23 日中国共产党第十八届中央委员会第四次全体会议通过。

（二）人民监督员履职保障机制更加完善

2021 年 12 月，修订后的《人民监督员选任管理办法》印发，重大变化是将监督的范围修改为覆盖"四大检察"的全过程"办案活动"，并完善了监督层级。为了满足实践需要，新增关于"增补选人民监督员"的程序，明确"最高人民检察院组织监督办案活动，商司法部在省级人民检察院人民监督员中抽选"，增加了人民监督员"参加培训、会议等活动"的保障机制，完善了特定专业背景的人民监督员的抽选机制等内容，为依法履职提供了制度保障。

（三）人民监督员监督成效日益彰显

各级检察机关紧紧围绕检察中心工作，聚焦人民群众关心关注热点焦点，积极主动邀请人民监督员开展监督，借助人民监督员独立"第三方"的角色，共同解决办案阻力问题，促进矛盾化解、诉源治理。2022 年，人民监督员在参与办案等司法活动中提出意见建议 7.8 万余条，检察机关采纳率 99.7%。发挥典型案例的示范引领作用，2019 年以来最高人民检察院先后发布了 3 批人民监督员工作典型案例，对人民监督员制度的实践成效进行总结推广。

（四）人民监督员的队伍不断壮大

各地司法行政机关聚焦建设政治素质较高、群众基础扎实、广泛代表性的人民监督员队伍，严格选任条件，规范选任程序，从政治面貌、年龄机构、学历水平、专业特长等多个方面综合考量，不断充实高素质、专业化人民监督员队伍。目前，全国共有人民监督员 2.5 万余人，其中本科以上学历达到 71.9%，60 岁以下占比 95.2%，人民监督员队伍结构不断调整，更加合理优化。

三、牢牢把握人民监督员制度发展的时代要求，不断提高做好新时代人民监督员工作的检察自觉

对照"全过程人民民主"的时代要求，人民监督员制度这项社会各界广泛关注、寄予厚望的制度也必须与时俱进，向检察权运行的全过程转型，更大范围内维护司法公正、保障当事人合法权益。从实践来看，还存在一些制约人民监督员制度作用充分发挥的瓶颈问题：一是人民监督员实质化监督效果和水平还不够高，有形监督还需向有效监督转变，存在监督走过场的问题。二是人民监督员开展监督活动中，数字化、信息化手段应用不足，数据共享、平台建设等方面还是短板。三是人民监督员制度与内部监督制约、公开听证等其他监督方式的融合还不够充分，人民群众参与和监督检察工作的渠道还需要不断拓宽。四是人民监督员的社会知晓度还不够高，对人民监督员制度实践中涌现的模范人物、典型案例、经验做法总结宣传的力度还需要加大。五是对人民监督员来源渠道、履职保障等制度供给不足，亟须加快立法，由规范性文件上升至法律层面，固定人民监督员改革成果、保障人民监督员依法履职。

面对新时代、新形势、新使命，检察机关要更加准确把握全过程人民民主的内涵意义、实践要求，不断加强和改进人民监督员制度，扩大公民司法参与、促进司法民主，不断丰富全过程人民民主的新时代检察实践。

（一）提升人民监督员工作的实质化水平

一方面，要提升人民监督员监督办案的效果。始终把"监督"作为人民监督员工作的核心价值，在监督办案程序是否规范的基础上，更加注重对案件实体处理结果的监督，更加聚焦疑难复杂、社会影响度高、群众广泛关注案件等开展监督。另一方面，持续提升人民监督员帮助破解检察工作难题的效果。强化"监督就是支持"理念，借助人民监督员力量，推动解决调卷难、检察建议落实难、行政争议实质性化解难、监督行政机关依法履职难、公益诉讼开展难等问题，延伸人民监督员工作的效果。

（二）提升人民监督员工作的信息化数字化水平

立足人民监督员履职特点，依托"12309 中国检察网"完善人民监督员版块功能，增加基于智能化和大数据的人民监督员业务新需求，拓展监督渠道和方式，通过信息化应用方式便利人民监督员远程阅读资料、反映意见、提起监督。加强检察机关与司法行政机关的沟通，探索实现司法行政机关与检察机关对于人民监督员数据的协同共享，实现政法机关协同办案和全流程一体化办案。

（三）提升人民监督员与检察听证工作融合水平

检察听证是人民监督员监督检察办案活动的重要方式之一。人民监督员担任听证员，更有利于两项制度相融合。双重身份设定下，人民监督员既可以以第三方身份，发表客观、中立的听证意见，又可以以监督身份，对依法公正的办案活动独立发表监督意见。在下一步检察听证中，继续做好人民监督员与检察听证的结合文章，放大融合优势，释放融合效应，更加充分发挥制度价值，防止"为听证而听证"，避免听证流于形式"走过场"，切实发挥检察听证制度定纷止争、化解矛盾的重要作用。

（四）提升人民监督员制度总结宣传水平

一是充分挖掘典型案例。提炼感人事迹，征集故事线索，通过新闻宣传、电视访谈、专题报道、影视剧情节植入等方式，讲好人民监督员履职故事，传播监督"好声音"。二是办好专门刊物。发挥《方圆》杂志副刊《人民监督》等宣传平台的桥梁和纽带作用，常态化编发人民监督员制度运行情况、人民监督员声音和理论成果。三是用好新媒体平台。依托"两微一端"等检察新媒体平台，通过中国检察听证网等扩大在线听证直播宣传，联合司法行政机关开展人民监督员视频展播，不断丰富宣传内容和形式。

（五）提升人民监督员制度法制化水平

人民陪审员、人民监督员、人民调解员并称为"三员"，其中人民陪审员、人民调解员制度均已完成立法，为人民监督员制度立法提供了借鉴参考。经过 20 年的实践，推进人民监督员制度立法的时机和条件已逐步成熟。制定人民监督员法也是社会各界的呼吁。要借鉴其他相关制度立法经验，积极稳妥推进人民监督员制度立法建议工作，通过立法对人民监督员的职责定位、任职要求、选任方式、履职流程、经费保障、权利义务、考核奖惩等方面作出规定，为人民监督员制度持续发展提供法制化依据。

第十四篇

中国检察特色听证制度理论与实务研究[*]

党的二十大报告指出，"扎实推进全过程人民民主，全面推进依法治国"，强调"国家治理体系和治理能力现代化深入推进"。检察听证是检察机关贯彻落实习近平法治思想、践行全过程人民民主要求，依法能动履职的重要举措，是检察机关监督办案的新形态、新方式，近年来全国检察机关快速推进、全面开展，办案质效得到有效提升。但是，检察听证毕竟是一项工作创新，理论研究总体偏弱，制度机制还不够健全，实践中也存在一些不规范的现象，需要全面梳理、深入研究，更好地发挥检察听证在中国特色检察制度中的作用。

一、检察听证的历史渊源和发展历程

检察听证是听证的一种，探索检察听证的历史渊源和发展历程，需要

---

* 原载于《人民检察》2023 年第 7 期。

从其上位概念听证入手。

（一）听证的域外渊源

一般认为，听证的概念主要来源于英美法系，在渊源上可追溯至自然公正原则和正当法律程序。听证权在判例法中首次出现于1723年英国本特利案中，王座法院最终因剑桥大学未赋予本特利为自己行为辩护的权利就决定剥夺其学位，而撤销了剑桥大学的决定。[①] 自然公正原则要求"作出不利于他人的决定前听取对方意见"。[②] 自然公正原则内在蕴含的听证规则最初是作为一道司法程序而存在的，随着社会的发展和法律的演进，随着立法权和行政权的拓展和延伸，听证程序和制度逐渐进入立法和行政领域，从而发展出立法听证和行政听证的样式，这构成了国外听证制度发展的基本脉络。[③]

（二）听证在我国的传统文化渊源

相对于国外的听证，我国的检察听证除了听取案件当事人意见外，还着重听取与案件无关的听证员的意见，增加了司法公开、司法民主、接受群众监督、化解社会矛盾等价值，这与我国的传统文化息息相关。我国古代关于这方面的传统文化非常丰富，比如，"左右皆曰可杀，勿听；诸大夫皆曰可杀，勿听；国人皆曰可杀，然后察之；见可杀焉，然后杀之。"[④] "君

---

① 王峰：《公民听证权利视野下的司法听证》，2012年吉林大学硕士学位论文。
② 王名扬著：《英国行政法》，中国政法大学出版社1987年版，第151页。
③ 刘勉义著：《我国听证程序研究》，中国法制出版社2004年版，第51页。
④ 杨伯峻译注：《孟子译注》，中华书局1984年版，第41页。

之所以明者，兼听也；其所以暗者，偏信也。"[①] "听讼，吾犹人也，必也使无讼乎。"[②] 中华人民共和国成立后，党领导人民创造了"小事不出村、大事不出镇、矛盾不上交"的"枫桥经验"，对于司法办案具有重要影响。检察听证继承了我国传统文化中关于兼听则明、无讼、化解矛盾等理念，邀请特定的听证员参与到案件办理中，听取第三人意见建议，有利于更加客观、准确地认定事实、适用法律，依法公正对案件作出处理决定。

（三）我国检察听证的发展历程

我国听证先出现于行政听证、立法听证，逐步扩展到司法听证。在司法听证方面，一般是指审判前、审判后的听证活动，如，立案听证、审查逮捕听证、羁押必要性审查听证、不起诉听证、量刑听证、减刑假释听证、申诉复查听证、刑事赔偿听证等，近年来发展较快、获得较大社会影响的是检察听证。我国检察听证经历了一个从公开审查到公开听证、从条线探索到全面推开的发展历程。2000 年至 2001 年建立民事行政案件、不起诉案件公开审查制度，2012 年至 2013 年建立刑事申诉案件公开审查、民事诉讼监督案件公开听证制度。听证制度真正快速发展是在 2020 年至 2022 年。2020 年 1 月，最高人民检察院在全国检察长会议上部署检察听证工作。2020 年 9 月，最高人民检察院制定《人民检察院审查案件听证工作规定》。2021 年 6 月，《中共中央关于加强新时代检察机关法律监督工作的意见》提出，"引入听证等方式审查办理疑难案件"。2023 年 2 月，最高人民检察院

召开检察听证工作座谈会，促进检察听证进一步完善和发展。

二、检察听证的理论正当性

检察机关全面开展听证工作，是贯彻落实党的二十大关于践行全过程人民民主、完善国家治理体系的重要举措，具有深厚的理论价值。

（一）检察听证是检察机关推动人民群众参与司法、落实全过程人民民主的重要举措

全过程人民民主是全链条、全方位、全覆盖的民主，是贯通了民主选举、民主协商、民主决策、民主管理、民主监督各个环节的全链条民主。① 进入新发展阶段，人民群众在民主、法治、公平、正义、安全、环境等方面有了新的、更高的需求，不仅期待正义得到实现，而且希望参与到司法中来，以看得见的方式实现正义。检察机关组织听证，邀请来自人民群众中的听证员作为独立的第三方力量，为检察机关司法办案提供重要参考，充分保障人民群众对检察工作的知情权、参与权和监督权，是检察环节落实全过程人民民主的有效路径。

（二）检察听证是检察机关发挥能动作用、积极参与国家治理的客观需要

检察听证是检察机关践行新时代"枫桥经验"，强化政治自觉、法治自

---

① 王炳权：《全过程人民民主是人类政治文明的新形态》，载《中国纪检监察》2022年第12期。

觉、检察自觉，及时回应推进国家治理体系和治理能力现代化的现实需要，是从根本上化解社会矛盾、以诉源治理促国家治理的创新举措。当事人的诉讼主体地位在检察听证中得到更充分体现，因而更认同这种程序导出的案件结论，有效解开"法结、心结、情结"，促进案结事了人和。2022 年，全国检察机关共开展公开听证案件 2.7 万件，矛盾有效化解率为 82.2%。[①]

（三）检察听证是检察机关自我加压、提升司法素质能力的重要途径

与传统的封闭办案、案卷审查相比，检察听证案件往往情况更复杂、矛盾较深、牵涉面广，既有当事人之间的讼争，也涉及与行政等部门的关系，还有司法机关内部的不同认识等，案件承办人员要做更充分准备、应对更复杂情况、做实更多功课。准备、做实做细做好公开听证的过程，无疑是对检察官的巨大挑战。在这个过程中，政治素质、业务素质和职业道德素质全面体现，督促检察队伍在践行习近平法治思想、服务经济社会高质量发展、自我加压的历练过程中，素质能力得到提升。

三、检察听证的主要特征

2020 年以来，全国检察机关深入践行全过程人民民主，认真落实《中共中央关于加强新时代检察机关法律监督工作的意见》，推动中国检察特色

[①] 《最高检：检察机关去年共开展公开听证案件 2.7 万件　矛盾有效化解率超八成》，载中国长安网，http://www.chinapeace.gov.cn/chinapeace/c100007/2023-03/03/content_12637808.shtml。

听证工作不断丰富完善，体现出以下几个特点。

（一）听证主体的特定性

检察听证的主体，是指主持、参与听证的人员，主要包括听证主持者、案件相关人员和听证员。一是在听证主持者方面。实践中，听证主持者一般是承办案件的检察官或者办案组的主办检察官。有观点认为，由案件承办人主持听证会容易让当事人产生"先定后听"的疑惑，进而一定程度上削弱检察听证的公正性，影响听证结果的公信力，不利于检察听证制度的长远发展。[①] 笔者认为，检察听证在案件当事人和听证员共同参与下，对案件的事实认定、法律适用等进行全面审查，为检察官办案提供参考依据，为释法说理提供平台，是司法办案的一部分，这与主要针对程序性问题的法院庭前会议有所不同，与针对一方相对人的行政听证也存在差别，由承办检察官主持具有合理性。二是在案件相关人员方面。案件相关人员与案件处理结果具有利害关系，比如，案件当事人及其法定代理人、诉讼代理人、辩护人、第三人、相关办案人员、证人和鉴定人以及其他相关人员，其参与听证是听证活动的应有之义。三是在听证员方面。作为中立的第三方，听证员是检察听证的重要组成部分。截至 2022 年 12 月，地方三级检察院共邀请听证员 113.6 万人次参加检察听证，有效增强了检察公信力和人民群众认可度。

---

① 谭金生、陈荣鹏：《检察听证制度实践的审视与完善》，载《西南政法大学学报》2022 年第 2 期。

（二）听证对象的广泛性

根据 2020 年最高人民检察院《人民检察院审查案件听证工作规定》，检察机关办理羁押必要性审查案件、拟不起诉案件、刑事申诉案件、民事诉讼监督案件、行政诉讼监督案件、公益诉讼案件等，在事实认定、法律适用、案件处理等方面存在较大争议，或者有重大社会影响，需要当面听取当事人和其他相关人员意见的，经检察长批准，可以召开听证会。检察机关办理审查逮捕案件，需要核实评估犯罪嫌疑人是否具有社会危险性、是否具有社会帮教条件的，可以召开听证会。准确理解这一关于听证对象的规定，需要把握以下三点：首先，在范围方面，检察听证的案件类型主要包括以上 7 种，但不限于 7 种。理论上，对所有检察办案活动都可以开展听证。其次，在程度方面，开展检察听证的案件要求存在较大争议，或者有重大社会影响，需要当面听取当事人和其他相关人员意见。实践中，一些地方对没有任何争议的简单案件开展听证，导致检察听证走形式、走过场。最后，在强制性方面，对于符合听证条件的案件类型，检察机关可以听证，也可以不听证，目前没有必须听证的法定要求。

（三）听证意见的约束性

检察听证最鲜明的特点是听证员的设置，做实检察听证工作，关键在于保障和落实听证员在听证中的主体地位，听证员的意见对于案件办理具有较强的约束性。一是建立专门的听证员库。截至 2022 年 12 月，32 个省级检察院全部设立听证员库，367 个市级检察院、2224 个基层检察院设立了听证员库。省级检察院听证员人数达 1483 人，市级、县级检察院听证员人数达 6.2 万余人，[①] 为规范开展听证提供了坚实的人员保证。二是设立了听证员了解案情的途径。适用检察听证的案件多是疑难复杂案件，仅靠现场听取双方意见，往往难以形成独立评议意见。因此，检察机关提前将案件材料移送听证员，必要时还需就案情与听证员进行沟通，避免听证员不了解基本案情就"仓促上阵"。三是设置法定的听证笔录。听证过程应当由书记员制作笔录，并全程录音录像。听证笔录由听证会主持人、承办检察官、听证会参加人和记录人签名或者盖章。笔录应当归入案件卷宗。

四、检察听证存在的问题及优化措施

目前，检察听证总体符合我国实际，取得了突出的成效，但仍存在一些不足和短板，需要在下一步工作中优化完善。

（一）听证规定的立法化

2020 年以来，检察机关积极推进检察听证的制度建设和实务工作，建立了检察听证的基本框架，但尚没有法律明确规定检察机关在办案过程中可以组织开展听证，影响了检察听证的权威性，也不利于组织检察机关之外的单位、部门参与听证。应当积极推进检察听证立法，建立以人民检察院组织法的规定为主导、刑事诉讼法、民事诉讼法、行政诉讼法"三大诉讼法"的规定为细化的检察听证立法模式。一方面，在人民检察院组织法中增加检察听证的内容，作为检察机关履行法律监督职能的方式；另一方

---

① 徐日丹、常璐倩：《2022 年全国检察机关共开展听证 18.9 万余件》，载最高人民检察院官网，https://www.spp.gov.cn/spp/zdgz/202302/t20230227_604111.shtml。

面，在"三大诉讼法"修订时，分别增加关于检察听证的内容，为全面开展检察听证提供法律依据。

（二）听证价值的多元化

检察听证在查清案件事实、化解社会矛盾、接受社会监督、推动解决疑难问题等多个方面都发挥了重要的作用。但也有一些地方对案件事实及法律适用没有争议、当事人存在不满情绪的案件开展听证，听证演化为办案人员息诉罢访的"劝解会"。笔者认为，应当根据案件实际情况，全面发挥听证的作用。比如，对于刑事申诉案件、拟不起诉案件，当事人可能有不同意见，可以通过听证进行释法说理、主动接受监督；对于公益诉讼案件、行政诉讼监督案件，案件涉及面广、工作难度大，可以发挥检察听证在推动检察监督方面的作用；对于民事诉讼监督案件、羁押必要性审查案件、审查逮捕案件，可以通过听证查清案件事实、核实证据、评估风险等。

（三）听证范围的明晰化

虽然相关规范性文件对检察听证的范围有了界定，但还不够清晰，操作性不够强，导致实践中出现两种倾向：一是该听证时不听证，二是对简单案件开展听证，听证走形式走过场。合理确定检察听证范围，需要把握终结性、羁押性和必要性，并且区分应当听证和可以听证两种类型。在终结性方面，对于检察机关拟不支持申请人诉求的刑事申诉案件、民事诉讼监督案件、行政诉讼监督案件以及不起诉案件等，相当于终结了诉讼程序，应当组织听证。在羁押性方面，对于审查逮捕案件、羁押必要性审查案件，由于严重影响犯罪嫌疑人的人身自由，应当组织听证。在必要性方面，对于公益诉讼案件等其他案件，有必要的，可以组织听证。

（四）听证流程的规范化

实践中虽然已经建立了一套检察听证运行机制，但还有不少改进空间。比如，在听证程序的启动方面，虽然规定了检察机关启动听证和当事人启动听证两种方式，但实际工作中绝大多数案件是由检察机关启动听证，原因在于当事人一般不知道其还有申请启动听证的权利，需要增加检察机关的告知程序，提前告知当事人有申请启动听证的权利。又如，在听证的准备阶段，虽然要求检察机关向听证员介绍案件情况，但操作性不强，导致听证员不了解案情，不能深入发表意见，需要增加听证前应当向听证员移送案件材料的规定。

（五）听证员意见的实效化

听证意见是检察机关处理案件的重要参考，拟不采纳听证员多数意见的，应当向检察长报告并获同意后作出决定。这一规定并未体现对听证员意见的足够尊重。因此，可以在现有规定的基础上增加规定：一般应当采纳听证员多数人意见，不采纳听证员多数意见的，应当向听证员作出解释说明等。

（六）听证员使用管理的合理化

虽然各地检察机关建立了听证员库，但听证员的使用管理仍然不够合理，各地做法也不统一，需要不断健全完善。一是健全听证员选任机制。明确选任资格、选任程序、退出程序等，统一听证员每届任期时间。二是建立听证员的回避机制。当事人对于检察机关邀请的听证员，认为影响公正听证的，可以申请听证员回避，由检察机关决定。三是健全听证员的使用机制。建立"办案部门使用听证员、案件管理部门管理听证员"的机制，听证员的日常管理由案件管理部门统一负责，对于符合听证条件的案件，办案部门提出邀请需求，案件管理部门负责邀请听证员参加。四是建立听证员的培训考核机制。检察机关定期对听证员进行培训和考核，提升听证员履职尽责的能力。

第十五篇

"智慧案管"体系建设与实施路径 *

2021年6月，《中共中央关于加强新时代检察机关法律监督工作的意见》（以下简称《意见》）印发。这是习近平法治思想在检察机关法律监督工作中的具体化，是指导当前和今后一个时期检察工作的纲领性文件。《意见》明确提出要加强检察机关信息化、智能化建设。应该说，检察机关经过这些年信息化探索和应用，在基础设施、应用系统、数据资源和保障体系等方面取得明显进展，这一过程中，案件管理信息化始终与之同向而行，尤其在2013年之后，全国检察业务应用系统、统计子系统先后上线运行，基本实现了网上办案、管理、统计一体化，案件管理信息化实现了创新性发展。当前，检察信息化工作进入智慧化时代，案件管理工作迫切需要同频共振迈上新台阶，实现案件管理的智能化。

---

　　* 原载于《人民检察》2021年第21—22期。

一、加强和完善"智慧案管"建设的必要性及可行性

信息化时代,信息技术的发展与应用推动整个社会工作方式、生活方式的变革与提升。学习、运用信息化、智能化已成为不可逆转的时代潮流。对检察机关"智慧案管"建设来讲,除了时代推动之外,其他方面的条件也已成熟。

一是党中央决策部署为"智慧案管"建设提供了政策支持。以习近平同志为核心的党中央对科技创新和信息化建设运用高度重视,先后作出网络强国战略、国家大数据战略、"互联网+"行动计划等系列重大决策,并且反复强调,"科技是国之利器""没有信息化就没有现代化""要以信息化推进国家治理体系和治理能力现代化"。2021年1月10日中共中央印发的《法治中国建设规划(2020—2025年)》提出,推进法治中国建设的数据化、网络化、智能化。优化整合法治领域各类信息、数据、网络平台,推进全国法治信息化工程建设。2018年中央政法工作会议上,中央政法委对政法机关智能化建设的要求是"三高":高起点规划,高水平建设,高共享发展。强调要加快政法网建设,力争年底前实现设施联通、网络畅通、平台贯通、数据融通。[①] 这些都是准确把握新一轮科技革命大势,立足法治中国、法治政府建设实际作出的重要部署,为创新开展检察信息化工作指明了方向,也为推动案件管理智能化提供了政策支持。

二是司法工作智能化实践为"智慧案管"建设提供了现实参考。近年

---

① 郭洪平、闫晶晶:《六个关键词勾勒今年政法工作着力点——中央政法工作会议亮点解读》,载《检察日报》2018年1月24日,第1版。

来，我国司法实务部门已在多个领域进行智慧办案探索，形成了具有司法实用性的系统平台，如，"区块链存证"链、"区块链鉴定"链、"区块链公正"链等，区块链、云平台等数字技术已全面融入、赋能司法领域。最高人民法院更是从诉讼规则的角度以制度建设与区块链技术相结合，2021年8月1日起施行的《人民法院在线诉讼规则》，实现了区块链技术在诉讼程序、证据制度和技术标准等多方面的应用，开启新时期"智慧司法"的发展道路。这些都为加强和完善"智慧案管"建设提供了实践经验。

三是全国检察业务应用系统的运行为"智慧案管"建设提供了客观条件。2013年，全国检察业务应用系统1.0及系列子系统的上线运行，实现了检察案件办理从线下到线上的转变。2021年全国检察业务应用系统2.0上线运行，建成了集网上司法办案、管理、统计、智能辅助、知识服务、数据共享、大数据应用、政法互联等于一体的大型信息化系统。这些办案系统的上线运行，使得一切程序化、实体化、可视化、非可视化，结构化、非结构化办案信息均可自动获取，能够实现对重点业务实时监控、对办结案件实时评查、对各类数据实时统计，具备了检察机关"信息化＋案管"提档升级为"智慧＋案管"的前提条件。

四是检察机关案件管理规范化为"智慧案管"技术实现提供了规则支持。检察机关的信息化建设，归根结底是业务规则的技术实现，业务体系的成熟发展催生对办案手段信息化的需求，信息化平台的搭建推动着检察业务的创新发展，两者相辅相成、互为助益。经过这些年的努力，案件管理规范建设的"四梁八柱"已基本搭建完成，最高人民检察院先后出台各类案件管理方面的制度规范6类21项，涵盖了数据管理、案件质量评价、流程管理、业务系统需求统筹等核心业务，为"智慧案管"技术实现提供了规则支持。

五是案管队伍严重不足是"智慧案管"建设的内生动力。检察机关内设机构改革后，市县两级检察院案件管理部门重组改为综合部门的不在少数，同时承担法律政策研究、检察委员会办公室、信息技术等多项业务，部门人员少、人才更少、任务重的问题比较突出，短期内难以解决。"智慧案管"建设已经成为提高案件管理工作质效、破解履职难题的根本途径。

二、加强和完善"智慧案管"建设的目标和思路

案件管理的智能化即"智慧案管"，指借助新一代云计算、大数据分析等信息技术，依托全国检察业务应用系统，将司法机关各类办案信息整合到一个大平台上，植入智慧理念，优化、关联、整合、对比各类办案信息，自动实现对办案实体、办案程序、办案数据等项目的分析、评价和管理。"智慧案管"的本质是办案信息化与案件管理自动化的高度融合，是案件管理信息化向更高阶段发展的表现，具体可以从以下几个方面理解"智慧案管"：

第一，"智慧案管"的工程定位。这主要是解决"智慧案管"在整个检察信息化建设中的位置问题。2021年4月，最高人民检察院印发《"十四五"时期检察工作发展规划》，明确提出了"遵循科学化、智能化、人性化原则，统筹办案、管理、决策、公开、服务等需求，更加贴近检察一线，推进智慧检务工程建设，加强大数据、人工智能、区块链等新技术应用"的

工作要求。因此,应将"智慧案管"工程定位为"智慧检务"工程的重要组成部分、"智慧检务"整体布局的有机组成部分,而不是独立于"智慧检务"之外的封闭体系。"智慧案管"和"智慧办案"将并驾齐驱,成为"智慧检务"工程的两大核心内容。

第二,"智慧案管"的建设原则。坚持深度融合、适度超前、注重实用的原则。"智慧案管"业务需求必须与"四大检察"深度融合,符合科学化要求;所采用的技术必须适度超前,真正实现智能辅助和机器学习,符合智能化要求;系统的操作应用应侧重基层一线检察人员,摒弃重复、机械的人工操作,符合人性化要求。

第三,"智慧案管"的核心驱动。"智慧案管"体系建设以数据驱动作为核心,将原有的流程驱动、文书驱动的检察业务系统设计思路调整并升级为数据驱动,实现检察业务"数据"的归类整合、统一应用。充分探索和运用区块链技术,在数据管理、数据共享等方面拓展数据的开放性应用方式和范围,降低司法成本和提高司法效率。

第四,"智慧案管"的技术支撑。技术支撑是指案件管理智能化最基本的技术条件。在实现了网上办案之后,案件管理智能化的最基本条件就是数据集成,即把一些孤立的数据或信息通过技术方式集中在一起,并且产生联系,从而构成一个有机整体的过程。如将起诉意见书、起诉书、判决书自动集成关联后进行"三书比对",就能发现其中的问题,智能化开展案件质量评查。

第五,"智慧案管"的建设目标。"智慧案管"的建设目标是建成一个案件管理的智能化体系,这个体系是在新一代信息技术基础上,以大数据思维为导向，以实现案件管理自动化为目的，具体应包括以下几个方面：一是流程管理自动化。实现办案流程监控管理的自动化，包括流程预警自动提醒、监控问题自动推送、监控全景分析等；实现案卡填录智能化，包括案卡自动填录、数据智能校验、自主学习数据模型等。二是案件质量评查智能化。借助人工智能技术，实现常规案件自动评查全覆盖、智慧辅助重点案件评查等。三是数据运用知识化。实现数据质量监管自动化，确保数据真实准确；通过数据的挖掘、推理、演化等，构建分析推理引擎，实现业务数据人工智能分析研判，提升数据运用水平；建设检察大数据智库，实现多维数据结构化统一管理。四是信息公开全息化。强化公开法律文书自动化巡查，检测文书公开规则、实现舆情风险防控预警等。五是需求统筹结构化。建立业务需求知识图谱，实现需求全链条管理、需求收集判断流程化及过程监控、需求审查自动化，并最终通过人工智能技术实现需求管理规范化。

三、"智慧案管"体系建设的具体构想

构建"智慧案管"体系是一场管理方式的重塑性变革，代表着案件管理工作的未来，是一个复杂的系统工程，目前还受制于办案模式、政法互联、技术环境发展等外部因素制约。对检察机关来讲，需要在上下统一的建设模式下，开发利用好"一案一号"两大功能，升级完善三大现有管理系统，协助拓展四大关联资源，更新开发出"五位一体"管理系统，实现案件管理的迭代升级。

（一）坚持全国检察机关上下统一的一体化建设模式

为实现新时期跨地区、跨层级开展案件管理业务协作，"智慧案管"建设应在全国范围内统一组织交叉流程监控、交叉质量评查、交叉数据督查等工作，尤其在重点监管事项上实现上下级检察院合力推进，以"上位监督"破解同级监督难题。"智慧案管"建设应秉持全国检察"一盘棋"的思路，上下统一，同时紧密依托全国检察业务应用系统 2.0 和已应用的业务子系统，对于符合工作思路的继续沿用，不适应新工作需求的大胆改造，避免陷入"新瓶装旧酒""简装换精装"的误区。对于各地的个性化、扩展性应用要严格把控，需按照规定审批后进行研发，经实践运用和评估验收后的个性化应用可纳入"智慧案管"体系，推广成为全国模式。

（二）开发利用"一案一号"承载的一号到底和知识图谱功能

为落实好最高人民检察院领导提出的，不管案件经历多少层级、多少环节，一"号"到底，让司法责任真正落到每一个经办检察院、每一个经办检察官，做到责任分明，可追、可溯的要求，"智慧案管"建设须实现"一案一号"终身到底、全景展示案件知识图谱的功能。2021 年 3 月，最高人民检察院在全国检察业务应用系统中增加了刑事检察"一案一号"功能。通过"固定号"与"动态号"相结合的方式，实现了"一案一号"的基本要求，为科学构建以"案 – 件比"为核心的案件质量评价指标和检察人员考核指标体系奠定了基础。为适应"智慧案管"建设，还需要对其进一步升级完善，一方面，要建立通过关键字同步同案检索、提案等功能，实现系统的自动识别或提醒，在通过系统准确判断"一案"的基础上实现真正意义上的"一号"；另一方面，还需要建立以"案卡项"为树叶，以"件"为枝干，以"案"为树木，以"类案"为森林的知识图谱，通过案号的标准化，建立包括诉讼全景、个案全景等内容的案件图谱，把整个办案活动置于"全天候、动态、实时"监控之中。

（三）升级完善现有的数据统计、电子卷宗、涉案财物管理系统

"智慧案管"建设须升级完善现有的数据统计等管理系统。一是将全国检察业务应用系统统计子系统 1.5 版尽快升级为 2.0 版。目前该统计子系统还是与全国检察业务应用系统 1.5 版相对应的。随着全国检察业务应用系统 2.0 的上线运行，办案系统中的案卡项目发生了变化，新的项目在旧系统中无法对接，旧系统中的有些统计项目在新系统中又不存在，造成数据的遗漏、缺失。应尽快建立与全国检察业务应用系统 2.0 相对接的统计子系统 2.0，实现检察业务数据的全面统计。

二是将电子卷宗系统升级为数字卷宗系统。目前电子卷宗系统以扫描纸质卷宗的方式收集非结构化数据，已不适应数据化时代的需求。应依托全国检察业务应用系统 2.0，将电子卷宗系统升级为数字卷宗系统，将文书数据包括视听资料解析为结构化数据，公检法间卷宗的传输方式逐步过渡为数字卷宗流转，实现"电子卷宗"到"数字卷宗"的跨越发展。

三是将涉案财物保管系统升级为涉案财物管理平台。目前涉案财物所使用的储物柜仅有保存物品、登记信息等简单作用，在案件办理与涉案财物处理上没有建立关联关系，应当根据最高人民检察院《人民检察院刑事

诉讼涉案财物管理规定》以及全国检察业务应用系统中的案件流程信息，对涉案财物管理进行出入库预警提醒、超期处理等功能升级优化，并永久保存涉案财物处理情况等相关信息，以满足工作需要。

（四）协助拓展好四大关联资源建设

案件管理说到底管理的是检察机关的办案过程和办案结果，所以办案过程产生的信息是管理的基础资源，实现好"后手"的管理，必须有"前手"的资源。相关办案系统就是案件管理对象的生产端，也就是"前手"资源。所以，检察机关案件管理部门要协助建设好与产生办案信息资源有关的办案体系。一是协助开展政法机关协同办案和数据共享模式下的检察办案体系建设。二是协助开展刑事案件涉案财物跨部门集中管理条件下的收送案体系建设。协助政法机关实现涉案财物智能化盘点清查、智能化在线移送、智能化入卷归档等全流程功能。三是协助开展移动办案条件下的检察办案体系改进，重点在案件分配、案件流转、流程监控预警提醒、律师服务等办理事项上提供专业的需求建议。四是协助开展好全国检察业务应用系统 2.0 的再次升级。

（五）建设"五位一体"的新时代案件管理监督制约系统

当前，尽管全国检察机关对案件的集中统一管理已有近 10 年时间，全国检察业务应用系统也上线运行了 7 年，但是"四大检察"办案活动的实时监控还未能实现全覆盖；对已办案件的质量评查还主要依靠人工；对业务数据实时监管的智能化水平还不足，整体监管缺乏知识化技术保障，无法通过大数据技术实现对业务数据的深度挖掘和综合利用。"智慧案管"建设当务之急是建设五大管理系统：

第一，建设自动化的流程监控系统。流程监控系统要以"智能监控＋电子处罚"的监控方式，取代原有"交警开罚单"的人工监控，将个案监控拓展为类案监控为主、个案监控为辅，将事后监督延伸至事前监督和事中监督。更为重要的是，迭代的关键点在于建设智慧监控规则库，具备知识演化推理和挖掘分析能力。具体包括三个层级：第一层，通过对办案环节设置明确的指引和预警功能，办案中同步实现对法律适用、办理期限、业务流程等预警提醒，并利用办案中形成的文书、节点操作等资源实现案卡信息的自动填录，对不符合填录逻辑的，系统应自动报警提醒。第二层，对过往"人工判断"的监控规则进行学习，演化为机器判断规则，实现智能监控。第三层，系统要自动汇总、梳理司法办案过程中不规范的突出问题，从业务类别、诉讼环节等多角度进行分析和总结，形成"监控点集萃"数据库。同时，探索开展"流程监控类案检索推送"，利用人工智能等技术对个案的证据审查形成指引、规范和判断，将瑕疵问题解决在当前环节后方能进入下一环节，利用科技手段解决证据标准不统一、办案程序不规范等问题。

第二，建设人工智能案件质量评查系统。借助人工智能技术，实现常规案件评查全覆盖、重点案件评查智能化、专项评查模块化。这一系统的关键是建设智能化的"智慧评查库"，包括"评查案例库"和"评查人才库"，前者将已评查的所有案件和问题点纳入评查案例库，后者将资深评查员评查案件的思路、模式等纳入评查人才库，通过机器对被评案件问题点和评查员评查思维的深度学习，构建多维"案－人"分析模型，以实现智慧辅助的智能化评查模式。对于常规案件,利用多维"案-人"的分析模型实现自动评查、百分百评查,达到程序性问题评查无人工干预的目标;对于重点案件,以"人工+智能辅助"相结合模式,随机挑选"评查人才库"中的系统模型进行辅助评查,同时挑选库外的评查员进行人工评查,提高评查的准确性和公正性;对于专项评查,可借助各地检察机关报送的精品专项评查择优建模,对专项类别、评查重点方向、评查方式等进行定制,由各级检察机关根据需求直接使用或改造使用。同时,所有经过智能评查系统评查的案例和评查模式数据均自动回流到"智慧评查库"中,不断为更新升级评查分析模型提供实践素材。

第三,建设知识化的业务数据监管系统。有学者提出,利用不同渠道收集的数据集产生了海量数据,当这些数据聚合到一起,可以对其进行挖掘,并开展更深层次的分析,该深度分析能揭示出各种模式间的相关关系,并进行有统计意义的各种预测。[1] 在科技迅猛发展的当下,掌握了数据就是掌握了先进生产资源。必须在数据增量获取、精准分析、推演再利用上狠下功夫,将信息统计、数据整合、分析研判等业务需求融为一体,坚定不移实施大数据战略,逐步实现数据治理现代化和数据服务社会化。一是建立"数据卫士"巡查系统,通过对案卡项、表卡和文书之间的自动比对和逻辑关系校验,实现数据的巡查自动化运行和数据自动筛查反馈,提升业务数据质量。二是在全国检察业务应用系统 2.0 过渡到 3.0 阶段时,探索研究将流程驱动、文书驱动等技术模式升级为数据驱动,打通流程之间的

---

[1] 左卫民:《迈向大数据法律研究》,载《法学研究》2018 年第 4 期。

壁垒、减少非制式法律文书等、将一切资源数据化。采用机器学习和数据挖掘领域的新理论及新算法，深度利用结构化数据资源，突破非结构化数据资源的局限，并拓展数据共享的深度和广度。三是建立可视化、智能化的"检察业务数据分析研判智能系统"，通过机器深度学习数据与业务之间的关系，以数据间的多维度比对，实现对一定时期不同业务类别、不同专项等情况的研判分析，做到研判分析的智能化。四是开展"检察大数据智库"建设探索，对办案数据、办案行为、用户习惯等信息深度追溯，并使用先进的算法处理形成大量的司法知识资源，据此形成有参考价值的案件知识图谱、当事人全景画像，用以辅助分析案情、审查处理决定，甚至可勾勒检察官全景画像，为人工智能办案和防控办案风险等打下数据基础。

第四，建设全息化的案件信息公开系统。新时期的案件信息公开工作，坚持以"互联＋全息＋公开"为核心。一是对重要案件信息和生效法律文书公开。人民群众可以通过关联绑定"12309中国检察网"的相应功能，自选指定"关键词"，信息与文书符合关键词的，发布后立即推送至用户。同时，强化对公开重要案件信息与法律文书的自动巡查功能，检测文书屏蔽规则是否到位、是否有应公开而未公开的法律文书或禁止公开的法律文书，一旦发现违反规则的问题，系统智能推送提醒；对可能引发舆情风险的，触发防控预警警报。二是实现辩护代理业务全方位线上办理，以VR技术还原12309服务大厅"一站式办理"服务，包括国内互联异地办理业务、辩护代理资料无接触收送、电子卷宗互联网阅卷等，减少接触风险、提高办事效率。三是以"人"为单位逐步建立政法机关数据链，增强政法系统之间的核心数据交互，主动融入国家大数据，形成更加广义的信息公开系统。

第五，建设实时动态的全业务需求管理系统。通过建立完整的业务需求知识图谱，搭建具有动态更新自动预警、逻辑互斥自动提醒、结构缺失自动警告等功能的智能化业务需求管理平台系统。一是将检察业务信息化平台中所有的业务需求整合到业务需求管理平台，形成需求参数，构建需求知识图谱。二是衔接知识服务平台数据，建立对法律法规条文、法律文书等需求资源与业务实体、业务概念、业务规则等的关联分析，对需求参数有影响的，提出智能调整方案，经人工审核后可在线调整需求参数。三是关联分析应当具备业务逻辑互斥自动提醒、业务结构缺失自动警告等智能预警功能，提高管理业务需求的智能化水平。

"智慧案管"体系是一个柔性的动态系统，在这个系统中，以案件受理开始流程监控为起点，以办结案件的质量评查、信息公开为终点，数据监督贯穿始终，形成了闭环多维的案件管理机制。上文提到的逐步实现"一案一号"两大功能、升级改造现有系统、丰富完善关联资源、统筹研发五大管理系统，共同统一于全国"智慧案管"上下一体化建设中，最终形成智能化条件下的办案、管理、统计一体化，推动检察机关法律监督工作高质量发展。

第十六篇

以数字案管有序开展
促进数字检察全面深化[*]

检察机关提出数字检察战略，以数字革命赋能法律监督，着力提升新时代法律监督质效。作为检察业务工作中枢的案件管理部门，承担着监督与服务两大职能，必须在检察业务数据化的基础上，推动实现案件管理数字化、智能化，依托信息化系统，充分、深度运用大数据、人工智能等现代科技成果，最大限度释放数据要素价值，建设数字案管，推动检察管理更加科学，促进检察工作现代化。

一、准确把握数字案管的迭代逻辑与时代方位

最高人民检察院检察长应勇强调，充分应用大数据、人工智能等技术，加强案件办理全流程监控、案件质量评查监督、案件管理智慧研判，加强

＊原载于《检察日报》2023 年 11 月 22 日，第 11 版。

对人、财、物的科学管理，提升检务管理效能，直接为数字案管建设划出了重点。从案件管理工作利用信息技术的历史来看，可以通过 0、1、100、100 万的数轴表述案管信息化、数字化和智能化。简单地说，信息化就是计算机化、网络化，从线下到线上，通过程序以线性的流程处理数据，这是从 0 到 1 的过程；数字化是在信息化的基础上制定规则，通过规则抓取数据、汇集数据、进行数据碰撞分析，实现 1 到 100 的突破；智能化是在信息化和数字化的基础上，通过人工智能和机器学习，包括算法设计、训练数据选择、模型生成和优化等，实现自我制定规则和自我决策。从数字化到智能化是 100 到 100 万的关系。数字案管涵盖上述内涵，进一步强调深化信息化、数字化、智能化迭代推进的实践路径。

总的来看，全国检察机关数字案管的理念已经基本形成共识，数字案管所需要的数据已经汇集整理，支撑数字案管的信息化软件已经"百花齐放"，数字案管总体上处于厚积薄发、突破瓶颈的关键时期。在信息化向数字化方向迈进过程中，案件管理站在了数字法治的新赛道上，这是历史机遇。同时，信息化、数字化、智能化迭代推进，仍需持续深化信息化建设，在法治信息化工程建设整体推进中不断优化训练数据，推动基础模型贯通融合，这是时代担当。

二、遵循"业务主导、数据整合、技术支撑、重在应用"的基本要求

作为数字检察的组成部分，数字案管建设要遵循"业务主导、数据整

合、技术支撑、重在应用"的基本要求，进一步转变观念、创新举措，积极稳妥推进智能技术应用良性迭代，深度赋能案件管理制度机制。

（一）"业务主导"是前提

案件管理是检察业务工作的中枢，数字案管建设的首要目标在于服务监督办案，与检察业务工作紧密相连，检察业务不仅仅局限于检察办案，还包括检察管理、检察服务等，案件管理部门是检察业务中的一个主体，对"业务主导"的要求更加迫切。要切实发挥数字技术对案件管理工作的支撑和推动作用。具体来说，以数字化、智能化的方式，推动数据监督与程序监督、实体监督系统集成，统筹宏观态势和微观个案，指数级提升管理案件和服务办案质效。通过数字化统计分析，把握动态趋势，总结经验规律，有针对性地解决突出问题，服务和保障高质效办好每一个案件，促进检察办案的质量、效率、效果有机统一于公平正义。

（二）"数据整合"是基础

数字案管建设，就是要优化对检察业务数据的汇集、整理和运用，努力构建数字化分析研判体系、数字化指标评价体系、数字化数据核查体系、数字化流程监控体系和数字化质量评查体系等数字化支撑体系。要理解数据，特别是要理解数据抓取的对应关系，优化数据抓取的途径与方式，准确抓取数据。探索训练数据管理协同机制，推动优化用于机器学习模型的数据标注规则，清洁与优化基准数据集，不断增强训练数据的真实性、准确性与客观性。

（三）"技术支撑"是关键

数字化时代的到来正得益于数据存储技术、计算技术、分析技术的重大突破，数字案管工作也需要大数据、云计算、人工智能等现代信息技术赋能。落实"一网运行、一网通办、一网赋能、一网运维"的一网统管部署要求，需要技术的支撑。要在确保安全的前提下打破互联网、工作网、内网的阻隔，实现内网数据、工作网数据的"一网运行"；要建立检察业务应用系统与"12309中国检察网"系统的有效关联，实现案件办理与信息公开的"一网通办"，多渠道全方位服务人民群众；要充分运用来自公安、法院、司法行政机关的案件数据，建立碰撞规则，产生化学效应，实现"一网赋能"；要建立需求评估、功能研发、部署应用、升级完善、运行维护的一体化，实现"一网运维"。在"四个一网"的基础上最终实现案件管理的"一网统管"，努力从管理理念、机制与模式等方面实现重塑性变革。

（四）"重在应用"是目的

数字案管要真正让数据在程序监督、实体监督、数据监督以及服务科学决策、服务司法办案、服务诉讼参与人、服务人民群众中发挥集约化、智能化作用，这是数字案管的最终目的。具体到实际业务场景中，是要实现办案数据一键呈现、案件质量一键评查、分析报告一键生成、数据质量一键核查、评价指标一键呈现、反管理一键探究、敏感词汇一键筛查、律师阅卷一键转移、案管资料一键检索、案管指标一键关联等十个"一键生成"。

三、有序推进案件管理"五大数字化体系"建设

数字案管是案件管理工作各职能、各环节、各层面的数字化，包括分析研判、指标运用、受理分流、流程监控、质量评查、数据核查、律师接待、检察听证、人民监督员工作等全域的数字化。现阶段，重点在于"五大数字化体系"建设。

（一）数字化分析研判体系

长期以来，案件管理部门通过业务数据变化情况分析业务态势，服务科学决策和检察办案。推进数字案管建设，要加快实现"一屏"展示检察业务态势，通过可视化的方式，形象展示各级检察机关办案基本态势。"一键生成"分析研判报告，通过系统可以预先设置好分析研判报告模板，自动抓取统计报表的数据，生成分析报告。实时开展更加灵活、深入的专题分析，总体研判宏观业务态势的同时，适时抓取统计系统的结构化数据，直接对接监督文书等信息，提取非结构化数据，"一键生成"专题分析报告。

（二）数字化指标评价体系

2023 年 3 月，最高人民检察院印发修订后的《检察机关案件质量主要评价指标》，对于数字案管来说，即自动抓取数据、生成评价指标，包括一个区域、一个检察院的指标情况，也包括不同类型、不同业务条线指标情况。建立健全评价指标实时监测机制，对部分重要指标异常情况进行实时监测、动态管理，对数据优于监测值的地区给以"趋势良好"提示，对超出监测值的地区给以"重点关注"提示，及时启动预警分析研判。以此为

基础，实行质量评价指标自动解析，通过"下钻"的方式深度解析评价指标，更加有针对性地服务司法办案。

（三）数字化数据核查体系

即通过案卡、文书、报表之间数据的碰撞，发现数据质量问题，自动修改、复查，提升数据质量。一是构建数据核查流程，建立"机器自动发现问题—向检察官反馈问题—检察官整改问题—案件管理人员监督管理"的数据核查流程。二是充实数据核查规则，有效整合检察业务应用系统中的文书、流程、案卡、报表等数据信息，通过设计关联对比规则，提高软件自动发现问题的能力。三是完善数据核查统计，对案件的校验结果进行多维度分析（按地区、案件类别、具体错误、人员、错误案卡项等维度）进而统计出各地区、各案件类别、各易错点、易错案卡项目、承办人错误的数据等，在数据核查中做到有的放矢。

（四）数字化流程监控体系

通过监控规则和办案流程之间信息的对比，发现流程不规范问题并自动推送，促进规范司法。一是优化流程监控程序。通过"智能监控＋电子处罚＋自动推送"的监控方式，取代原有的人工监控，将事后监督延伸至事前监督预警、事中监督提醒和事后监督纠正相结合，提升管理质效。二是完善流程监控统计。对流程监控问题进行多维度统计分析和画像，支持地区、单位、部门、承办人、时间、问题类型等多维度分析。对常见问题、多发问题进行深度分析研判，联合业务部门发起专项或重点监控。三是健全流程监控规则。流程监控数字化的关键，是嵌入丰富的流程监控规则。从技术逻辑来说，就是将流程监控规则代码化。从强化流程监控实质化来讲，首要把一些严重影响诉讼当事人诉讼权利保障、严重违反诉讼程序、重要文书缺失或未在规定期限内制作文书、超过案件办理期限等情形标注出来，有针对性地督促纠正，强化数字司法人权保障。

（五）数字化质量评查体系

一是优化质量评查的线上流程。组建评查人员、调集证据材料等工作通过线上质量评查系统就可以进行，程序更加便捷，也为异地评查等提供了条件。二是自动评查程序性问题。质量评查不仅评查实体处理问题，也评查案件办结后仍然存在的程序性问题，这些问题可以通过信息化的方式开展评查。三是自动评查各方意见一致的轻刑案件。通过"三书对比"，了解公检法对案件事实认定、定罪量刑是否有异议，对于没有异议，当事人没有上诉、申诉，量刑在 3 年以下的，可以一键评查，从而实现 80%以上的案件自动评查。

四、依托技术赋能创新，确保数字案管行稳致远

数字检察深化实施步伐不断加快，数字案管建设逐步呈现出从工具到目的，从局部到一体，从机制调适到系统转型，从管理提质、制约增效到服务管理、制约监督融合赋能的趋势。要加快完善适应数字化、智能化案管的制度规范体系，强化应用风险分析与防控，规范人工智能技术供给，在法治轨道上推进实践创新。

（一）坚持守正创新，提升数字化管理理念

在实现司法管理现代化的进程中，数字案管是贯通衔接、系统集成的枢纽。随着以大数据技术为主体的法律监督模型深化应用，生成式人工智能等将深度赋能数字检察。在信息技术应用方面，算法、算力和数据构成人工智能驱动的数字智能经济与数字创新的关键基本要素。[①] 数字案管既要立足自身实际，加强数字案管规范指引及制度体系建设，更要统筹生成式人工智能辅助赋能检察业务所形成的宏观态势、数据要素及微观个案办案质量，科学把握新阶段服务管理新内涵，促进提升数字检察创新品质，推进检察权制约监督机制的数字模式创新。

（二）坚持包容审慎，确保数据安全

要以包容和审慎的态度引导、规范和推进数字案管系统开发与融合集成。坚持统筹发展和安全，按照相关法律规范，加强数据生成过程中的管控，实现案件管理部门的集中统一管理，把好数据"入口关"；加强数据应用过程中的管控，按照国家建立数据分类分级保护制度的要求，数据使用过程需要做到数据分类清、责任明、审批严，把好数据"出口关"；加强数据维护过程中的管控，尤其在数据的采集、存储、挖掘、应用、维护包括系统建设中，都需要计算机技术专门人才参与，要防控失泄密风险，把好数据运行关，多维度全流程把控数据安全。

---

① 陈劲、李佳雪：《数字科技下的创新范式》，载《信息与管理研究》2020 年第 5 期。

（三）注重集约化配置，提升自身数字技术应用能力

通过组建数字案管"技术小分队"、打造特色办案团队等方式，深度参与、跟踪督促系统平台建设、基础模型的研发应用，在数据标注、算法评估等实践的"摸爬滚打"中锻炼队伍，引导与促进全体案件管理人员切实树立数字理念，提升数字案管能力，着力打造讲政治、精业务、懂技术的复合型人才队伍，让数字案管成就案件管理人才，案件管理人才成就案件管理现代化。

第十七篇

《全国检察业务应用系统使用管理办法》的理解与适用 *

2021 年 2 月 3 日，最高人民检察院第十三届检察委员会第六十一次会议审议通过《全国检察业务应用系统使用管理办法》（以下简称《办法》），对 2013 年 11 月 6 日最高人民检察院印发的《全国检察机关统一业务应用系统使用管理办法（试行）》进行了修订。《办法》共 10 章 71 条，自发布之日起施行。为便于理解和适用，现对修订内容等进行解读。

一、修订的背景和过程

2012 年 8 月，根据修改后的刑事诉讼法、民事诉讼法的新要求和案件集中管理工作的新机制，以深圳等地成熟软件为基础，由最高人民检察院案件管理办公室牵头研发适用于全国检察机关的统一业务应用系统，融业

---

* 原载于《人民检察》2021 年第 14 期。

务办理、管理、监督、统计、查询于一体，覆盖各项检察业务，在检察全系统实现协同办案。2014 年 1 月，统一业务应用系统 1.0 版正式上线运行，检察机关实现从"纸上办案"到"网上办案"的变革，四级检察机关的办案信息第一次实现互联互通，对全部办案活动和各类案件实现全程、统一、实时、动态管理和监督，充分发挥了信息化对检察工作的引领作用。

原办法从 12 个方面规范了系统 1.0 版的使用和管理工作。1.0 版系统上线以来，先后作出适应司法责任制改革版、适应工作网应用版、适应内设机构改革版等 3 次重大改版，增加业务模块 11 个，停用业务模块 5 个，升级完善 191 次，系统在架构设计、应用范围、管理方式等方面进行了改造升级。为适应检察工作发展和检察改革需要，最高人民检察院党组研究决定按照"科学化、智能化、人性化"的要求研发系统 2.0 版。2.0 版系统在架构设计、部署方式和维护方法等方面发生了较大变化。同时，最高人民检察院近年出台的智慧检务、智能辅助系统建设等规章制度对系统使用管理提出了新的更高要求，也需要对原办法进行相应修改完善。经多次征求意见，修订完善，《办法》经最高人民检察院检委会审议通过。

二、修订的基本思路

（一）根据形势发展对框架进行调整

考虑到新系统与原有系统在技术架构、应用范围、管理模式等方面都存在很大的不同，经反复论证，对原办法的结构进行了调整，将原有的"信息填录、文书制作、网上业务流转"三章，整合简化为"网上业务办理"一章；将"网上业务监管、网上统计管理、对外信息查询管理"三章，整合简化为"网上业务管理"一章；将原有的"电子签章管理、系统保密管理"两章，整合简化为"安全保密管理"一章；新增"辅助办案应用管理"一章。

（二）实现与上位法和专门法的融合统一

在编制原办法时，检察机关是全国党政机关中唯一一个实现全国统一业务办理的机关，没有其他制度规范可供参考。随着司法体制改革的不断深入和办案规范化水平的不断提高，检察机关在业务监管、数据管理、案件信息公开等方面，各项制度规范持续完善。在修订过程中，《办法》对 6 类 33 项制度规范的内容进行了完善，按照"已规定的工作不再重复，有遗漏的工作科学表述，较分散的规定形成体系"的要求，力求做到取舍之间体现智慧，收放之间把握尺度，保证《办法》在简明扼要和体系完整的同时与最高人民检察院的各项政策要求保持一致。

（三）重构和完善《办法》工作体系

《办法》提出了许多新的概念和理念，完善了原有的理论架构和知识结构。一是将原有的流程办案功能拓展为检察业务应用系统的流程办案、智能辅助、知识服务、数据应用四大部分，配合了新系统建设思路的调整。二是完善了对网上办案工作进行管控的工作体系。增加了办公室部门对网上办案过程中诉讼档案的管理职责，从制度层面解决了网上办案"最后一公里"的问题，形成新的网上案件办理闭环流程；增加了检务督察部门对网上办案违规问题的管理职责，作出了案件管理部门对违反网上业务办理规定情形，情节严重的，向检务督察部门通报的管理规定。同时也明确了检务督察部门可依照《人民检察院司法责任追究条例》《人民检察院检务督察工作条例》处理各类网上办案违规情形。三是设计了新的职责权限体系。根据司法责任制改革后检察人员分类管理的新情况，将原办法中设定的检察长、副检察长、部门负责人、承办检察官等角色，细化为书记员、检察官助理、承办检察官、主办检察官、部门负责人、检委会委员、副检察长、检察长等角色，并将原来录入、层报、审批的次序改为由小到大的顺序表述，更加符合实际办案工作的需要，权限体系设计更加完善合理。四是建立"双网运行"条件下的安全保密职责体系。针对系统 1.0 版和 2.0 版在不同网络环境下运行的特点，根据工作职责划分，检察专网身份认证系统、电子签章系统的软硬件基础建设和运行维护以及认证个人身份证书、电子签章的制作、审计、管理由办公室部门负责，工作网的相关职责由技术信息部门负责，明确规定两张网执行的不同管理标准、案件受理办理流转的划分等。

（四）适应检察业务应用系统发展新需求

新技术变革为系统发展注入了活力，检察业务应用系统一些新理念、新方法、新技术的应用，改变了原有网上办案的模式。对此，在修订过程中进行了充分考虑。一是为适应案件信息录入会越来越多采用扫描卷宗及文字识别的新方式，充分考虑自动填录条件下的案卡填录方式，调整录入责任等方面的表述。二是对下一步检察业务应用系统广泛的网间互联和信息交换进行充分考虑。三是对大数据、人工智能、区块链等技术将在检察机关网上办案中的应用进行充分考虑。删除了原办法中对网上统计管理、对外信息查询等相对落后概念的表述和规定，依托《检察业务数据管理办法》，对数据的概念进行了全新的阐释。四是对保障系统个性化开发有序开展的相关工作进行充分考虑。在"工作原则"一条中，增加了"创新、开放"的原则，允许下级检察院按照最高人民检察院制定的规范和标准，开展个性化辅助办案应用研发。在修订中也严格规范了准入审批制度，明确了冲突解决机制，赋予技术信息部门对涉及多个子系统的开发和建设问题进行协调的新职能。

三、修订的主要内容

（一）新增的主要内容

一是《办法》第 2 条将最高人民检察院领导在 2018 年 6 月检察机关智能辅助办案系统建设工作座谈会上提出的"科学化、智能化、人性化"的智慧检务建设理念明确为检察业务应用系统建设、应用、管理的指导思想。二是第 11 条明确检察业务应用系统建设、应用、管理应当根据《检察业务应用系统填录标准和说明》《人民检察院法律文书格式样本》《人民检察院工作文书格式样本》《人民检察院诉讼档案管理办法》及最高人民检察院发布的有关规定进行，为系统开发和维护提供准确的业务需求和设计依据。三是根据《关于完善人民检察院司法责任制的若干意见》和《最高人民检察院机关案件承办确定工作管理办法（试行）》的有关规定，明确将"按照随机分案为主、指定分案为辅的案件承办确定机制"写入第 20 条中。从制度层面有效杜绝人情案、关系案的出现，也为检察官业绩考核提供了相对公平的基础和前提。四是第 47 条明确检察官助理、书记员、系统管理员、安全管理员、安全审计员及挂职、借调和临时抽调人员的权限和设置办法。在适应司法责任制改革需要的同时使系统权限体系更加完整。五是将原"系统保密管理"方面的内容修订为"安全保密管理",提出在检察专网和检察工作网上运行的检察业务应用系统软硬件平台分别应当通过涉密信息系统分级保护测评和非涉密系统等级保护测评,增加第 46 条、第 55 条对信息安全方面的规定要求。六是根据《关于加强统一业务应用系统日常运行维护工作的通知》,明确系统问题解决和优化完善机制。结合系统 1.0 版的运维经验,新增第 63 条系统升级完善和版本管理的相关要求。

（二）修改的主要内容

一是根据《最高人民检察院职能配置、内设机构和人员编制规定》,结合检察业务应用系统的研发模式和部署方式,对系统使用管理中的案管部门、技术信息部门和办公室部门的职责进行了修改调整。第 4 条明确案管部门"负责业务需求统筹和指导系统应用"的职责;第 6 条增加技术信息部门"对涉及多个子系统的开发和建设问题进行协调、检察工作网个人身份证书的制作审计管理及会同相关部门组织系统应用培训"的职责;第 7 条明确办公室部门"管理检察业务应用系统中生成的诉讼档案"的职责。二是第 19 条结合系统 2.0 版将分别部署在检察工作网和检察专网的建设方案,修改案件受理、办理和流转的要求,明确非涉密业务和秘密、机密级业务分别在检察工作网和检察专网受理、办理和流转;绝密级业务按照 2020 年 4 月印发的《关于做好"线下"案件线上登记有关工作的提示》的有关要求做好案件登记和流转工作。三是第 66 条将纪检监察相关表述修改为检务督察相关表述。根据《人民检察院司法责任追究条例》《人民检察院检务督察工作条例》调整相关表述。

（三）合并、删除的主要内容

一是根据最高人民检察院已经出台的各类制度规范，删除原办法中有关信息填录、文书制作、网上业务流转、网上业务监管、网上统计管理、对外信息查询管理等方面的内容，共合并了 9 条，删减了 7 条内容。二是依据《关于做好"线下"案件线上登记有关工作的提示》的有关要求，删除绝密级业务的文书可以在系统外制作的情形。三是根据最高人民检察院检委会审议《检察业务数据管理办法》时指出的各地在开展考评时，可以使用地方自己的数据，只要承担相应责任即可的要求，删除了"各类相关检察业务考评应当依据统一业务应用系统审核认定的数据"的规定。四是考虑到随着检察业务应用系统自动化程度的不断提高，系统安全可靠水平有了很大进步，不再需要运维人员全天候值班，删除"最高人民检察院、省级人民检察院对统一业务应用系统的运行维护管理实行全天候值班制度"的有关要求。

四、理解和贯彻执行《办法》中需要注意的问题

（一）关于系统的命名问题

2013 年系统上线时，被正式命名为"全国检察机关统一业务应用系统"，最初上线版本被称为"全国检察机关统一业务应用系统 1.0 版"，适

应内设机构改革版上线后被称为"全国检察机关统一业务应用系统 1.5 版"。新版本应用系统在开发时被习惯称为"全国检察机关统一业务应用系统 2.0 版",一直没有进行正式命名。2021 年 2 月 3 日最高人民检察院检委会研究决定,将系统正式命名为"全国检察业务应用系统"。

（二）关于系统的定位问题

关于全国检察业务应用系统的定位,一直存在不同认识。根据《办法》第 2 条规定,系统是融"办案、管理、统计"功能于一体的检察机关司法办案大型综合信息平台。

（三）关于系统使用管理的主管部门问题

系统 1.0 版由最高人民检察院案管办主导研发,原办法规定案管部门为系统使用管理的主管部门。系统 2.0 版由研发专班组织研发,征求意见稿将技术信息部门作为系统的主管部门。征求意见过程中提出,研发专班为临时机构,系统在全国检察机关上线运行后可能会解散,并且应用管理将成为工作重点,案管部门应当继续作为使用管理的主管部门。《办法》采纳了技术信息中心的意见,在第 4 条明确了相关职责分工。

（四）关于职责分工问题

在系统建设、应用和管理过程中,各个部门之间如何分工,各部门意见和实践中的做法不尽一致。《办法》第 4 条增加了案管部门"负责业务需求统筹和指导系统应用"两项职责。同时,考虑到系统优化完善是一个持续的过程,在第 6 条增加了技术信息部门"对涉及多个子系统的开发和建设问题进行协调；检察工作网个人身份证书的制作、审计、管理和会同相关部门组织系统应用培训"三项职责。

（五）关于系统信息填录主体问题

原办法第 10 条规定："信息填录应当坚持谁受理谁录入，谁办理谁录入，谁审核谁录入，谁审批谁录入，谁录入谁负责的原则。"在检委会审议时，有委员提出，第 10 条仅规定谁录入谁负责，可能会影响案件信息填录，且司法责任制要求检察官对所办案件负总责，建议在该条中明确应当由检察官承担最终填录责任。为厘清填录责任，参照《检察业务数据管理办法》，明确了"案件信息由承办检察官录入或者由检察官助理、书记员协助录入。检察官助理、书记员对录入的信息依据本人职责承担相应责任，检察官承担指导、审核责任和最终责任"的原则。

（六）关于提前批量打印文书问题

原办法第 18 条规定："初查、立案侦查职务犯罪案件时，因紧急情况需要提前批量打印文书的，可以经过审批提前批量打印相关法律文书。并且紧急情况消除后，承办检察官应当及时将相关信息补充填入，在案件办结后，将未使用的文书交案件管理部门存档，已经使用的文书入卷。"关于此条保留与否，实践中有争议。经研究，因司法实践中确实存在因搜查、扣押等侦查工作需要，特别是涉及多个犯罪嫌疑人需要提前打印法律文书的情况，并且有需要经领导审批、事后补录的程序限制。经与最高人民检察院第五检察厅沟通，保留了该条内容，同时对相关表述进行了调整。

（七）关于案件在检察工作网和检察专网流转问题

系统 1.0 版部署在检察专网上，为落实"全面、全程、全员、规范"的系统使用管理原则，原办法第 20 条规定："各级人民检察院办理的机密级和机密级以下的业务，应当在检察业务应用系统内执行受理、分流、移送、报批等流转程序。"新系统将分别部署在检察工作网和检察专网上，因此，第 19 条规定："各级人民检察院办理各项检察业务，应当在检察业务应用系统内执行受理、分流、移送、报批等流转程序。非涉密业务在检察工作网上受理、办理和流转，秘密、机密级业务在检察专网上受理、办理和流转。"

（八）关于在办案件查看权限问题

原办法第 47 条规定："各级人民检察院案件管理部门负责人对下辖各级人民检察院已经办结的个案内容具有查询权限；业务部门负责人对下辖各级人民检察院对口部门已经办结的个案内容具有查询权限。"征求意见过程中，多地提出上级检察院案管部门负责人和业务部门负责人不具有下辖各级检察院和对口部门在办案件个案内容的查询权限，不利于对下业务指导和开展流程监控工作。修订中采纳了相关意见，规定："各级人民检察院案件管理部门负责人和业务部门负责人具有对下辖各级人民检察院对口部门的指标数据、案件列表的查询权限，对本部门个案内容的查询权限，对下辖各级人民检察院对口部门个案内容的查询权限。"

（九）关于是否规定案件管理相关内容问题

原办法起草时，尚未出台关于流程监控、案件质量评查、业务数据管理、案件信息公开等方面的规定，在某种程度上起到了临时性案件管理办法的作用。修订过程中，是否应当保留案件管理的相关内容，存在不同意见。经研究认为，网上业务管理是系统使用管理的重要内容，与系统应用密不可分，但原规定有些内容与系统应用无关，并且已经在流程监控、案件质量评查、业务数据管理、案件信息公开等相关文件中明确，可以进行合并、删减，只保留与系统应用有关的重要内容。

（十）关于下一步的系统需求统筹问题

一方面，《办法》中明确了案管部门是系统使用管理的主管部门，负责业务需求统筹工作；另一方面，考虑到系统在全国检察机关上线运行后仍然需要持续升级完善，经与技术信息中心和研发专班沟通协商，待系统形成稳定版本后，各级案管部门要按照《办法》的有关规定履行好需求统筹职责。

（十一）关于辅助办案系统建设和应用等问题

辅助办案、数据应用、知识服务都是在检察业务应用系统研发过程中提出的新概念。在当前的建设和应用过程中，各地反映了流程办案与辅助办案的边界不够清晰，辅助办案往往包含数据应用，知识服务容易开发成特定的数据应用等问题，还需要不断研究、实践和完善。2019年11月印发的《统一业务应用系统2.0辅助办案系统研发工作管理办法》作了较为详尽的规定。有两点内容需要明确：一是辅助办案系统的开发必须符合现行制度规范的要求，接入流程办案平台必须经最高人民检察院案管办和技术信息中心审批通过。二是辅助办案、数据应用、知识服务中生成的数据均为检察业务数据，必须按照《检察业务数据管理办法》要求采集、加工、使用、提供、公开。辅助办案系统的建设与管理还是一个新生事物，还需要不断改进和调整。

（十二）关于系统使用纳入业绩考评问题

在修订过程中，第65条曾表述为"检察业务应用系统的使用情况应当纳入各级人民检察院、各部门及其人员的业绩考评。"最高人民检察院检委会讨论时，有委员认为，"系统的使用情况"表述不准确，界定模糊。为使表述更精准，经研究，此条修改为"检察业务应用系统的填报、登录、差误等使用情况应当纳入各级人民检察院、各部门及其人员的业绩考评。"关于填报、登录、差误的具体适用，可由各地在制定业绩考评标准时自行规定。

第十八篇

以案件管理现代化融入检察工作现代化
服务中国式现代化 *

　　现代化是迄今为止人类历史上变革最剧烈、涉及范围最广泛、影响最深远的一场变革。^①"中国式现代化"的重大论断一经提出，引起国内外广泛关注，各地、各领域、各行业都在积极推动落实。最高人民检察院党组提出要以检察工作现代化服务中国式现代化，展现了在中国式现代化新征程上的检察担当。检察案件管理是中国特色社会主义检察制度的重要组成部分，必然要求跟进、融入检察工作现代化进程，加快推进自身现代化。梳理案件管理现代化的生成逻辑、基本内涵和实现路径，对于以高质量案件管理现代化助推检察工作现代化，服务中国式现代化具有重要意义。

---

　　* 原载于《检察业务管理指导与参考》2023 年第 5 辑（总第 23 辑）。
　　① 何明、周皓:《以中国式现代化全面推进中华民族共同体建设》，载《思想战线》2023 年第 6 期。

一、检察案件管理现代化的生成逻辑

随着检察工作现代化的加快推进，案件管理现代化势在必行。为更加坚定走中国特色社会主义检察道路的信心，激发走好中国特色检察案件管理现代化之路的动力，有必要从时代背景、理论来源、实践探索和现实需求等层面，探求检察案件管理现代化的生成逻辑。

（一）检察案件管理现代化的时代背景

中国式现代化历史脉络及中国式现代化的提出。从世界现代化进程看，各国实现现代化的过程不是一步到位、全线发展的。[①] 对于中国式现代化而言，大致可分为 5 个阶段：1954 年，第一届全国人民代表大会首次明确提出实现工业、农业、交通运输业和国防的四个现代化的任务；1964 年，第三届全国人民代表大会提出要建设具有现代农业、现代工业、现代国防和现代科学技术的社会主义强国；2007 年，党的十七大提出建设富强民主文明和谐的社会主义现代化国家；2017 年，党的十九大将社会主义现代化奋斗目标进一步拓展为富强民主文明和谐美丽；2022 年，党的二十大报告进一步指出，到 21 世纪中叶，把我国建设成为综合国力和国际影响力领先的社会主义现代化强国。党的二十大报告指出，要以中国式现代化全面推进中华民族伟大复兴，并系统阐述了中国式现代化的中国特色、本质要求和重大原则。

---

① 虎金友:《中国式现代化的政治意蕴与实现路径》，载《人民论坛·学术前沿》2022 年第 24 期。

检察工作现代化的提出。中国式现代化遵循了"整体性文明"逻辑，[①]是一项系统工程，需要具体落实在政治、经济、文化、社会、生态文明等多个方面，同时也需要各个层面紧紧围绕这个中心任务积极承担历史责任和历史使命，检察工作亦然。2023年年初全国检察长会议上，最高人民检察院党组提出以检察工作现代化服务中国式现代化。应勇检察长指出，检察工作现代化伴随中国式现代化进程，是党绝对领导下的现代化，是走中国特色社会主义法治道路、检察制度更加成熟定型的现代化，是检察机关政治建设、业务建设、队伍建设、基层基础建设等方方面面的现代化，是检察工作理念更加先进、体系更加成熟、机制更加完善、能力更加过硬的现代化。自此，拉开了检察工作现代化的序幕。

检察案件管理现代化应运而生。应勇检察长指出，检察工作现代化是全方位的现代化。案件管理作为检察工作的重要组成部分，随着检察工作现代化的加快推进，也必然要求加快推进案件管理工作现代化。案件管理工作要建设什么样的现代化、怎样建设现代化，是案件管理部门在中国式现代化、检察工作现代化这个时代背景下，必须深刻思考的重大课题。

（二）检察案件管理现代化的理论来源

加强检察机关司法办案内部监督，是案件管理的基本功能。案件管理现代化的理论来源，可以从规范权力运行和推进法治化两个层面探寻。

一方面，根据权力运行的原理，有一条万古不易的经验：一切有权力

---

① 董宏达：《中国式现代化是一种全新的人类文明形态》，载宣讲家网2023年2月10日，http://3g.k.sohu.com/t/n668325069。

的人都容易滥用权力；有权力的人们，使用权力一直到遇有界限的地方才休止，甚至不休止。这也就是说，包括检察权在内的权力都需要制衡。2019 年 1 月，习近平总书记在中央政法工作会议上强调，要聚焦人民群众反映强烈的突出问题，抓紧完善权力运行监督和制约机制，坚决防止执法不严、司法不公甚至执法犯法、司法腐败；2020 年 11 月，习近平总书记在中央全面依法治国工作会议上强调，要加快构建规范高效的制约监督体系，坚决破除"关系网"、斩断"利益链"，让"猫腻""暗门"无处遁形。应勇检察长指出，检察机关是法律监督机关，既要敢于监督、善于监督，更要勇于自我监督；要给检察权运行"加把锁"，围绕容易出问题的重点环节，加强制度性程序性约束，健全内外部、上下级制约监督机制。① 所以说，案件管理作为监督制约检察权运行的重要方式，只能加强，不能削弱。

另一方面，从推进法治化层面看，党的二十大报告提出"全面推进国家各方面工作法治化""在法治轨道上全面建设社会主义现代化国家"，要求更好发挥法治固根本、稳预期、利长远的作用，为新征程上全面依法治国提出了更新的使命、更高的要求、更系统的布局，为全面推进中国式现代化提供了更坚实的法治保障。人类社会发展的事实证明，依法治理是最可靠、最稳定的治理。法治是国家治理体系和治理能力的重要依托，治国理政须臾离不开法治。一个现代化国家，必须是一个法治国家；一个国家

---

① 应勇：《学习贯彻习近平新时代中国特色社会主义思想加快推进检察工作现代化》，2023 年 9 月 2 日在国家检察官学院 2023 年秋季学期开学时的讲课。

要走向现代化，必须走向法治化。①法治作为现代治理的基本方式，是推进中国式现代化的关键抓手。这一系列论述和实践经验的总结，充分彰显了全面依法治国在强国建设、民族复兴中的全局性、战略性、基础性地位，充分彰显了法治在现代化进程中的引领保障功能。检察机关作为法律监督机关，在"在法治轨道上全面建设社会主义现代化国家"的战略部署中应当承担更重责任。作为检察工作的一项重要内部监督机制，案件管理紧跟各项检察工作一道加快推进现代化，是在法治轨道上全面建设社会主义现代化国家的必然要求。

（三）检察案件管理现代化的实践探索

中国式现代化乃中国人民自近代以来探索现代化之路的历史素描，是当前中国特色社会主义现代化强国建设的现实写照。②检察制度及至检察案件管理的实践探索，是中国式现代化实践探索的重要组成部分。自检察制度建立就有案件管理，并且伴随检察制度发展而发展。梳理检察案件管理的历史脉络，大体经历分散管理、初步探索到集中管理三个主要阶段。

第一阶段，分散管理。自检察制度建立以来，检察机关形成了主要由各业务部门自我管理、分散管理的业务管理模式，各办案部门对案件办理活动负责组织、管理，重大问题提交检察长或检委会决定。随着社会主义民主法治建设的发展，"纵向管理强势发展、横向管理相对薄弱、案件办理

---

① 丁晋清：《为推进中国式现代化提供法治保障》，载《光明日报》2023年7月28日，第6版。

② 庞金友：《中国式现代化的政治意蕴与实现路径》，载《人民论坛·学术前沿》2022年第24期。

与案件管理不分"的业务管理模式弊端凸显，制约着检察业务工作科学发展，迫切需要建立一种符合司法办案规律、提高管理监督效果的全新的案件管理机制。

第二阶段，初步探索。2003 年 6 月，最高人民检察院印发《关于加强案件管理的规定》，首次以文件形式提出了案件管理概念。2003—2011 年，各地检察机关创新开展案件管理机制改革探索，形成了天津模式、深圳模式、河南模式、山西模式等主要模式，百花齐放，各具特色，大多与现行案件管理机制大相径庭，但是为案件集中管理机制改革积累了宝贵经验。

第三阶段，集中管理。2011 年 10 月 28 日，经中央编委批准，最高人民检察院正式成立案件管理办公室，揭开了全国检察机关案件管理机制改革统一步调、全面开展的序幕。这一机制就是通过设立专门的部门对检察机关办理的案件进行集中管理，实行统一受理、流程监控、案后评查、统计分析、信息查询、综合考评等，对办案期限、办案程序、办案质量等进行管理、监督、预警，使检察机关对司法办案活动的监督管理，实现横向管理与纵向管理相结合，宏观管理与微观管理相结合，程序监管与实体监管相结合，事前、事中、事后监督相结合，从而将检察机关的全部司法办案活动置于自身的监督管理之下。经过多年的探索和实践，案件管理体系日臻完善，案件管理任务和制度机制逐渐成熟定型。

检察案件管理的探索，其实就是检察机关司法办案内部制约监督的实践历程。时至今日，在中国式现代化、检察工作现代化的背景下，案件管理工作有了更加明确的努力方向、更为广阔的发展空间，同时在理念、体系、机制、能力等方面也面临新的机遇和挑战。顺应时势发展，检察案件管理现代化应运而生。

（四）检察案件管理现代化的现实需求

与最高人民检察院领导的要求相比，案件管理还有一些长期积累的老大难问题亟须解决。比如，缺乏系统性、规范性，一些地方"眉毛胡子一把抓"，工作重点不突出，履职随意性大，管理不科学、不规范、不精细的问题长期没有得到解决；"同级监督难""本院监督难"的问题一直困扰着案管履职，监督管理的核心职能履职乏力、实效不佳；队伍不强、能力不足，有的院没有检察官负责案管工作，有的地方业务骨干流失严重，案管队伍专业化水平亟待提升；特别是信息化建设，最高人民检察院落后于地方，案件管理落实后于案件办理；等等。这些问题严重影响和制约着案件管理工作向前发展。案件管理工作不可能带着这些问题走进现代化，克服和解决上述突出矛盾和障碍，是案件管理现代化绕不开的课题，必然要求攻克这些履职、机制、保障和队伍建设中的一系列难题。只有这样，才能为案件管理现代化开辟一条顺畅道路。

二、检察案件管理现代化的基本内涵

党的二十大报告全面系统深入阐述了中国式现代化的科学内涵，指出中国式现代化是人口规模巨大、全体人民共同富裕、物质文明和精神文明相协调、人与自然和谐共生、走和平发展道路的现代化。这五个方面，充分体现了中国式现代化的中国特色、本质要求和重大原则。推进检察案件管理现代化，既要保持中国式现代化的一般特征，也要突出检察案件管理作为检察机关司法办案内部监督机制的特色，明确案件管理现代化的本质内核、基本任务和目标归宿，为推动检察案件管理现代化提供依据和遵循。

（一）以强化内部监督为本质内核

应勇检察长指出，案件管理也是检察权运行制约监督的重要方式，要通过案件流程监控、质量评查等机制，对案件从入口到出口进行集中统一监督管理，对于提升案件质量十分重要。[①] 案件管理职责较为繁杂，概括起来主要有两个方面：监督管理和服务保障。具体来说就是"三大监督"和"四大服务"：对司法办案的程序监督、实体监督和数据监督，服务领导决策、服务司法办案、服务诉讼参与人和服务人民群众。监督管理和服务保障都是核心职能，但是，监督管理是案管部门的立身之本，应当做成强项、做成精品。服务保障也是核心职能，实质上可以作为监督的另一种方式，在监督中服务，在服务中监督，二者价值追求具有同质性。所以说，检察案件管理的本质内核是内部监督，其现代化仍然要以其为本质内核。否则，就会偏离了轨道，失去了初心。

（二）以推动充分履职为基本内容

现代化是人类文明发展的动力和手段，是社会进步的标识，也是全人类的共同追求。[②] 同理，检察案件管理现代化就是推动案件管理充分履职

[①] 应勇：《学习贯彻习近平新时代中国特色社会主义思想 加快推进检察工作现代化》，最高人民检察院检察长应勇2023年9月2日在国家检察官学院2023年秋季学期开学时的讲课。

[②] 崔桂田：《中国式现代化展现人类文明新形态》，载《中国社会科学报》2022年9月6日，第1版。

的动力和手段。结合检察案件管理实际，这一动力和手段的基本内容可以归纳为案管履职规范化、机制运行一体化、工作保障信息化、队伍建设专业化。

一是推动案管履职规范化。规范是管理的第一要务。现代企业管理的主要方向就是要做到管理过程制度化、标准化、程序化、透明化，实际上就是规范管理。按照管理的一般规律，案件管理现代化首先需要从履职规范化抓起，确保每名案管人员知晓自己需要完成的工作内容和目标；其次，根据工作特点，制定相应的工作规范和流程，明确工作步骤和要求；最后，强化案件管理方式方法的创新与规范有机统一，形成符合工作实际的管理方法。

二是推动工作机制一体化。宪法和人民检察院组织法规定，最高人民检察院领导地方各级人民检察院和专门人民检察院的工作，上级人民检察院领导下级人民检察院的工作。这为检察案件管理工作机制一体化提供了理论基础。但就案件管理工作而言，一体化还有拓展空间，既包括纵向一体，还包括横向一体，从而建立"纵向领导有力、横向协作紧密"的一体化工作格局。在纵向一体化上，上级院可以动态、全面把握本院、本地区检察业务管理工作，定期进行检查、通报、讲评；可以根据工作实际，统筹力量统一组织开展数据质量检查、案件质量评查等专项案件管理工作。上下一体能够很好解决基层院履职不全、履职不能以及同级监督难等"老大难"问题。在横向一体化上，包括三个层面：第一是融合办案部门的管理，与办案部门加强配合，实现管理、整改、反馈的闭环衔接；第二是对接专门管理部门的管理，管理结果与干部管理监督衔接互动、协调运转，实现管案与管人有效衔接；第三是打通各省案管之间的壁垒，实现信息共享的一体化。最高人民检察院案管办创建的案件管理工作电子文库是有益尝试，可以向省、市院推广，发挥更大效益。

三是推动工作保障信息化。进入 21 世纪以来，在科学技术不断革新的推动下，现代化的进程加速推进。[①] 工作保障信息化在于建成"数字案管"，提高工作效率。这应该成为案件管理现代化最显著的标志。案件管理工作保障信息化，将监督规则内置于系统中，自动预警、自动推送办案不规范问题，是提高案件管理工作质效、破解案件管理部门"事多人少监督难"的必由之路。重点任务是，加快检察业务管理系统建设，推进办案流程管理自动化、质量评查智能化、数据质量监督模型化、业务数据分析定制化、评价指标解析可视化，逐步实现对案件的"智慧管理"。

四是推动队伍建设专业化。队伍专业化是实现案件管理现代化的根本。从调研了解情况看，近年来，随着机构调整，大部分基层院设置综合业务部门承担案件管理职责，部分院仅靠聘用人员从事案件管理工作，办案流程监控、案件质量评查等核心业务很难开展，并且还会受到业务部门"缺乏权威性"的质疑。所以说，提升案管队伍专业素养已经成为亟需解决的突出问题。重点培育案管人员的专业知识、专业能力、专业作风、专业精神，着重提高政策把握能力、法律适用能力、数据统计能力、分析研判能力、程序监管能力、质量评查能力，努力做检察业务的"全科医生"、管理

---

① 江必新：《以中国式法治保障中国式现代化建设论略》，载《法学论坛》2023 年第 4 期。

领域的"专科医生"。^①

（三）以促进"高质效办好每一个案件"为目标归宿

管理是组织达成目标的重要手段，目的在于有效地实现组织目标。怎么界定案件管理的目标，关系到案件管理现代化的发展格局。有观点认为，案件管理机制是内部制约监督的手段，根本目的在于发现问题，解决问题；还有观点认为，案件管理的目的在于促进司法规范化。笔者认为，这类观点把案件管理的地位看低了、作用看小了、功能看窄了，因为这些只是监督管理的手段和途径，而非最终的目标归宿。从检察工作整体看，案件管理本身就是一种手段，是检察长、检察委员会实现管理目标的手段。如果把目标仅定位在通过监督发现问题、解决问题，那么案件管理履职范围、履职行为必然会受到限制。习近平总书记反复强调"努力让人民群众在每一个司法案件中感受到公平正义"，要求"所有司法机关都要紧紧围绕这个目标来改进工作"。最高人民检察院党组把"高质效办好每一个案件"作为新时代新征程检察履职办案的基本价值追求。这一系列指示要求，是我们确定案件管理终级目标的依据。案件管理机制是检察工作的手段。那么，案件管理工作要实现的应当是检察工作的目标追求。从这一点上看，案件管理的目标归宿应当定位在"高质效办好每一个案件"上。根据这一目标定位，对于有利于促进检察监督办案在实体上确保实现公平正义，在程序上让公平正义更好更快实现，在效果上让人民群众可感受、能感受、感受

---

① 童建明副检察长于 2021 年 9 月 15 日在全国检察机关第二次案件管理工作会议上的讲话。

到公平正义的管理手段和方法，只要符合检察权运行规律，符合管理规律，符合检察工作实际，都可以尝试纳入管理范畴。从这个意义上看，确定案件管理现代化的目标归宿，还是提升案件管理格局、拓展案件管理履职范围的重要依据。

三、检察案件管理现代化的实现路径

现代化，说易行难。文明和进步不能遗赠，它必须经由每一代人重新学习、领悟和创造。① 怎样建设检察案件管理现代化，需要考量的因素很多，既需要契合中国式现代化的共同特征，又需要考量检察案件管理现代化自身的生成逻辑和科学内涵，同时还要关照案件管理现实条件，更需要我们这一代检察人员特别是案管人不懈的探索、学习、领悟和创造。

（一）坚持党的领导

中国共产党是中国式现代化的领导核心和驱动力量，是中国式现代化的独特之处和优势所在。在推进检察案件管理现代化进程中，坚持党的领导，需要从政治方向、正确定位、实践作为三个层次实现。在政治方向上，要把学习贯彻习近平新时代中国特色社会主义思想作为首要政治任务，深刻领悟"两个确立"的决定性意义，切实增强"四个意识"、坚定"四个自信"、做到"两个维护"。在正确定位上，全面贯彻党中央关于规范司法权力运行、强化对司法活动制约监督的部署要求，确保案件管理作为内部制

---

① 刘建伟：《中国式现代化新道路的世界意义》，载《西安日报》2022 年 12 月 12 日，第 7 版。

约监督机制的正确定位，不偏离改革初心。在具体实践中，坚持"从政治上着眼，从法治上着力"，把党的绝对领导融入检察业务管理的全过程各环节。比如，在数据分析研判、流程和质量管理中，做到胸怀"国之大者"，从党和国家工作大局出发，引领检察监督办案为大局服务。再如，在案件信息公开、检察听证和人民监督员工作以及诉讼权利保障等工作中，保持高度的政治领悟力和政治敏锐性，从发扬全过程人民民主的检察实践高度出发，依法保障人民群众对检察监督办案的知情权、参与权、监督权和表达权，以案件管理厚植党的执政根基。

（二）推进顶层设计

案件管理现代化作为检察工作的组成部分，可以说是检察工作现代化的子系统，包含四级检察机关、各项职能，也是一个复杂、系统的工程，需要做好统筹规划，有序组织实施。一是规范职能任务。履职规范化是检察案件管理现代化的基本任务。案件集中管理机制改革十多年来，对案件管理的定位、主体、职能以及机制等，始终没有一个正式的文件予以统一规范，履职现实与推进现代化的任务、要求不相匹配。所以说，研究制定适合四级检察机关统一适用的案件管理工作指导性意见，作为推进检察案件管理现代化的基本方案，是当务之急。二是完善工作思路。案件管理工作思路几经调整，全国检察机关第二次案件管理工作会议确立了把握案管部门作为检察业务工作中枢的职能定位，突出监督管理和服务保障两大主责，树牢科学管理、能动管理、智能管理理念，健全业务指导、评价、管控、保障和外部监督等体系的工作思路，简称为"一二三五"工作思路。

2023 年年初，适应中国式现代化新形势，从解决案件管理突出问题入手，最高人民检察院案管办又提出"案管履职规范化、机制运行一体化、工作保障信息化、队伍建设专业化"的"四化"要求，并且充实到原有工作思路中，形成了新的"一二三四五"工作思路，但是除了最高人民检察院案管办领导讲课外，还没有在正式文件中予以体现，基层知之不多，需要进一步宣传解读，也需要进一步发展完善。三是强化"管好管理"。案件管理部门管别人多，管自己少，也就是重视对办案部门案件办理的管理，对自身管理得少，但是如何"管好管理"也需要最高人民检察院案管办拿出顶层设计。目前，设计了六项案件管理工作主要评价指标，定期进行通报。但是，评价指标只是管理的一种手段，还需要发掘、设计更加符合案件管理实际的"管好管理"措施，比如怎样落实一体化工作机制，怎么加强案件管理的基层基础建设等，还需要进一步思考。

（三）强化理念引领

最高人民检察院领导在全国检察机关第二次案件管理工作会议上提出，要牢固树立科学管理、能动管理、智能管理的工作理念，这是引领案件管理现代化必须牢固树立的理念，需要在实践中正确把握和践行。一是坚持科学管理理念。科学管理强调的是工作标准。管理不科学，还不如没有管理。从案件管理实践看，至少要从符合规律和系统规范两个层面来把握。所谓符合规律，既要符合检察办案规律，也要符合管理的一般规律。比如，案件质量评价指标，在指标设置上，要遵循办案规律和特点，避免导向偏差；在运用上，也不能走极端，盲目攀高求低，把握在合理限度内。所谓系统规范，要求管理要系统化、制度化、标准化。管理的本质是无序变有序。管理职责、管理体系要系统，避免零散、无序的管理；管理依据要制度化，各项管理活动都有章可循，有据可依；管理行为标准化，比如，办案流程监控在什么情形下口头提示、发流程监控通知书或者报告检察长，案件质量评查什么情形评为合格案件、瑕疵案件或者不合格案件，需要有统一的规范指引。二是坚持能动管理理念。能动管理强调的是工作态度。需要做到管理行为的主动性，主动适应检察工作大局，主动适应司法办案需要，不固守自己的"一亩三分地"，自觉主动地开展工作的管理；管理方式的灵活性，不是机械地执行制度，不是僵化的、固执的、一成不变的管理；管理态度的人文性，改善管理的态度，做"善良监管人"，不"居高临下"，注意"以柔软的身段"表达管理的意见、看法，充分体现对对方的尊重。三是坚持智能管理理念。智能管理强调的是工作方法。智能管理理念契合了工作保障信息化这一要求，这是案件管理现代化最显著的外在标志。没有智能管理的落实落地，案件管理现代化也无从谈起。所以要向科技要生产力，把"智慧案管"建设作为破解案管部门任务重、人员少难题的治本之策，从根本上提高案管工作质效。当前，根据案件管理实际，需要加快检察业务管理系统建设。

（四）加快履职转型

为什么提案件管理履职要转型？这是由案件管理履职现状决定的。当前，从上到下都在强调宏观管理，都在抓案件质量评价指标、抓检察业务数据分析研判会商，但却忽略了微观、个案的精准监管；一些基层院"眉毛胡子一把抓"，找不到重心。这种履职现状亟须改善。一是向个案监管转型。改变四级院都抓宏观管理的履职现状，县级院重点抓好个案流程监控、案卡填录的日常审核；升级完善流程监控系统，实现办案程序问题的自动发现、推送、反馈，通过智能化实现流程监控的实质化。分市院重点抓好案件质量评查，既要做好本院案件的评查，又要以一体化机制抓好下级院案件的评查，落实好 2017 年出台的评查规定，做到重点案件逐案评查，对每位检察官按比例抽查。最高人民检察院、省级院在侧重抓宏观管理的同时，引导市县两级院重点抓对个案程序和实体的监管，更好地提升个案质效，促进实现个案的公平正义。二是向经常性工作转型。案件受理审查、办案流程监控、数据质量审核，是四级院案件管理中最基础、最常态的工作，各级院不论人多人少，都能做到。这也是强调向个案监管转型的题中应有之义。建议将这三项工作冠名为"三项经常性工作"，目的在于强调，引起重视。四级院案件管理部门叫响抓"三项经常性工作"的口号，坚持抓常抓长、抓早抓小、抓细抓深，以此打牢案件管理工作基础。

（五）实施创新驱动

首先是科技创新，这是高质量推进案件管理现代化的重要引擎。对于案件管理工作来说，一方面要抓推广，对现有重要案件管理业务信息化、智能化软件，要大力推广普及，使其得到广泛应用；另一方面要继续创新，升级完善现有软件，抓紧研发其他案件管理业务软件，加快推进案件管理数字化建设。其次是机制创新，在现有的检查、通报、讲评等工作机制基础上，创新"管好管理"新机制。比如，强化一体化工作机制建设，以省市级院为主抓好推动落实，上下联动开展专项案件管理工作；创新协同管理机制，使案件管理部门与协同管理部门共同围绕"高质效办好每一个案件"的价值追求加强案件管理；创新管案与管人衔接机制，使案件管理与干部教育管理有效衔接和协调运转。再次是方法创新，在具体工作中创造机动灵活的管理方法。比如，针对业务部门不配合、工作推不动的问题，变案管督导为领导要求；针对业务部门不愿意接受监督的问题，变批评通报为协商解决；针对案管履职容易得罪人的问题，变办案问题为共同业绩；针对"本院监督难""同级监督难"的问题，变本院监督为"上位监督"或者机器监督；针对横向交流少、视野局限的问题，变互不往来为互相"抄作业"。最后是发挥和尊重基层首创精神。案件集中管理机制本身就是基层创新实践的总结。这方面，需要发动基层结合自身的突出问题、困难加强研究和创新。比如，仅有一人、二人，甚至没有正式在编人员负责案件管理工作的院，如何开展案件管理工作；基层贴近一线检察官办案，如何解决办案中的"反管理"问题；等等。这些问题需要基层一线案管人员去研究和创新。基层创新要靠最高人民检察院和省级院的引领、激励和尊重，营造群策群力创新发展的浓厚氛围，为检察案件管理现代化提供群体智慧。

后　记

前人栽树，后人乘凉。我们这一代案管人乘着前人栽树的阴凉，那也有责任为我们的后人能够乘凉，栽上我们这代案管人应当栽的树。《案件管理实务精要（十二讲）》《案件管理专题研究（十八篇）》这两本书，姑且作为我栽的两棵"幼苗"。希望我们案管的同仁和学界的专家一起关注案管理论研究这块"园地"，多撒下一颗又一颗种子、多破土一棵又一棵幼苗，在最高检党组领导下，检察机关案件管理理论研究终将绿树成荫、枝繁叶茂。

一人行，众人帮。在我工作经验总结、理论文章起草的过程中，最高检案管办李景文、邢晓冬、施方方，检察日报社郑成方等同志，都给予了大力的支持和帮助，在此表示衷心地感谢！

两本书的出版，已让我"江郎才尽"。今后相当长一段时间，我需要的是沉淀和新的积累。在这个过程中，我也将竭尽所能为案管理论研究的志同道合者，尽一份心力，多一份帮衬，既回馈我心爱的案管事业，也回馈那些曾经帮助过我的人。

以此为记。